[美]W. 提摩西·加尔韦 W. Timothy Gallwey
爱德华·汉兹利克 Edward Hanzelik, M.D.
约翰·霍顿 John Horton, M.D. 著

朱菲菲 郝红尉 译

# 你真的会放松吗

The Inner Game of Stress

华夏出版社
HUAXIA PUBLISHING HOUSE

图书在版编目（CIP）数据

你真的会放松吗/（美）W. 提摩西·加尔韦（W. Timothy Gallwey），（美）爱德华·汉兹利克（Edward S. Hanzelik），（美）约翰·霍顿（John Horton）著；朱菲菲，郝红尉译. —北京：华夏出版社有限公司，2022.3

书名原文：The Inner Game of Stress: Outsmart Life's Challenges and Fulfill Your Potential

ISBN 978-7-5222-0241-9

Ⅰ. ①你… Ⅱ. ①W… ②爱… ③约… ④朱… ⑤郝… Ⅲ. ①运动员－体育心理学－研究 Ⅳ. ①G804.87

中国版本图书馆 CIP 数据核字（2021）第 267541 号

Copyright © 2009 by W. Timothy Gallwey, Edward S. Hanzelik and John Horton.
This translation published by arrangement with Random House, an imprint and division of Penguin Random House LLC.
Simplified Chinese copyright © Huaxia Publishing House Co., Ltd.
All rights reserved.

版权所有，翻印必究。
北京市版权局著作权合同登记号：图字 01-2012-0720 号

# 你真的会放松吗

著　　者　[美]W. 提摩西·加尔韦　[美]爱德华·汉兹利克　[美]约翰·霍顿
译　　者　朱菲菲　郝红尉
策划编辑　朱　悦　卢莎莎
责任编辑　朱　悦　卢莎莎
责任印制　刘　洋

出版发行　华夏出版社有限公司
经　　销　新华书店
印　　刷　三河市万龙印装有限公司
装　　订　三河市万龙印装有限公司
版　　次　2022 年 3 月北京第 1 版　2022 年 3 月北京第 1 次印刷
开　　本　710×1000　1/16 开
印　　张　14.75
字　　数　137 千字
定　　价　59.80 元

华夏出版社有限公司　地址：北京市东直门外香河园北里 4 号　邮编：100028
网址：www.hxph.com.cn　电话：（010）64663331（转）
若发现本版图书有印装质量问题，请与我社营销中心联系调换。

你真的会放松吗

# 目 录

推荐序　调节好压力，才有动力 / 001

测测你的压力程度 / 004

前言 / 007

引言 / 009

## 第一部分　制造负面能量的罪魁祸首

第一章　压力是你自己制造出来的！ / 012

第二章　两个自我之间的矛盾 / 018

第三章　压力制造者的五个把戏 / 029

　　把戏1：身份盗窃犯 / 031

　　把戏2：引发巨大恐惧 / 032

　　把戏3：渲染负面情绪 / 035

　　把戏4：自我攻击的高手 / 037

　　把戏5：生成错误预期 / 038

## 第二部分　转化负面能量

第四章　面对压力，不一定非要迎难而上 / 044

第五章　别以为放松是件简单的事 / 058

第六章　ACT觉知、选择、信任 / 072

第七章　平衡树 / 085

第八章　铸造自己的抗压盾牌 / 095

第九章　生活是你自己的 / 107

## 第三部分　回归正能量的修炼

第十章　最有奇效的方法——暂停 / 118

第十一章　令人愉快的方法——坐在总裁的椅子上 / 128

第十二章　让你豁然开朗的三个问题 / 135

第十三章　最能带给人希望的方法——改变态度 / 142

第十四章　最安静的方法——倾听心声 / 152

第十五章　最重要的能力——穿上对方的鞋 / 157

第十六章　脑筋急转弯——重新定义你的压力概念 / 163

第十七章　完美的PLE三角形 Performance · Learning · Enjoyment / 171

第十八章　艾琳的故事 / 175

第十九章　面对衰老和死亡的内心调节 / 183

总结　人生的内在游戏 / 195

关于压力、大脑、健康的11个问题 / 211

致谢 / 226

# 推荐序
# 调节好压力，才有动力

中国科学院心理研究所心理健康促进中心主任
史占彪博士

在如今社会高速发展下的快节奏生活中,"压力山大"不仅仅是部分社会精英的感受，更成为了大多数城市人的普遍心态，因此各种心理问题、亚健康状态、躯体毛病相继而来。都市中的人们在社会变革的大潮中浮沉，兴奋又难免疲惫地前行。如今，我们一生的工作量和需要处理的事情，可能是我们父母的几倍，乃至几十倍，而人的生理构造并没有进化以适应这样的节奏。压力，成为所有人共同的话题，在聚会和餐桌上，"压力"都是个令人极有共鸣的经典话题。

面对压力，我们常常感觉无所适从，甚至难以忍受。长期以来，我们被"有压力才有动力"这句话绑架，将压力视作理所应当的，但其实这句话没说明白。事实上，应该是"调节好压力，才有动力"。如果压力过大,并且没有得到及时调适,很容易成为我们生活和工作中的阻力。压力调适能力,已经成为衡量一个人综合素质的重要标准。

长期以来,面对市场上"嗷嗷待哺"的都市负压人,各种压力调节书籍也是层出不穷,令人眼花缭乱。这些书籍中虽不乏精品,但是有些难免晦涩。另外,更多的所谓"心灵鸡汤"类书籍,倒是易懂,但又显得浅显,往往读起来无味无趣。总之缺乏根基扎实、深入浅出、操作性强、符合时代特色的书籍。

第一次阅读到这本书的时候,我便觉得眼前一亮——在我所阅读的同类书籍之中,它可谓独树一帜。

首先,这是一本立足生活、充满智慧的书。作者关注职场人在压力下的生活和工作,积累了丰富的面对压力的经验、技巧,甚至灵性智慧,比如提出压力是自己制造出来的,倾听自己第二个自我的声音,重新定义压力,等等,使本书充满着富有哲学深度的思考和人生经验智慧。更为难得的是,作者用一种诚恳的态度娓娓道来,真诚坦然,没有任何敷衍与应付,甚至字字珠玑,让人感到书中内容的清晰流畅。

第二,这是一本案例丰富、注重实用的书。作者在书中叙述了大量的案例,这些丰富的案例给读者提供了参考,也可以帮助读者理解专业的描述;同时书中的方法具有很强的可操作性,比

## 推荐序
调节好压力，才有动力

如暂停法、坐在总裁的椅子上、穿上对方的鞋等方法，都是很实用的技巧，这也是本书的特色和亮点。读者可以根据自己的情况，随机选择并且灵活运用这些方法，去管理自己内心的压力，寻找解决途径，进而适应压力、激活动力。

第三，这还是一本有着扎实专业基础的书，融合了自我研究的理论、脑科学的进展、后现代心理学思想、认知行为治疗的最新发展趋势。轻松自然的笔触背后具有坚实的理论基础。这保证了这本书的科学性，可以说很多方法经得起考验。

还要表达的一点是，这本书的中文翻译实在值得称道。在读这本书时，除了几个外国人名之外，涉及心理技巧、减压方法等文字，给人毫无"见外"的感觉，那么清新自然、行云流水、朴实随意。在这个浮躁、讲究速度的时代，译者和编者还有这份心意认真斟酌文字，实在也令人尊敬！

总之，这本书结合实际，充满智慧，立足专业，通俗易懂，是心理学自助图书中一本值得推荐的好作品。

# 测测你的压力程度

压力不是一个空洞抽象的概念。它是真实的,充满个人体验的。知晓自己的压力水平能让你更好地摆脱它带给你的伤害。

拿出一张纸,写出下列问题的答案:

**1. 不用多想,用数字 1 到 10 来表示你最近所受压力的程度。**

**2. 列出所有可能产生这一压力的原因。**用数字 1 到 10 标明这些因素给你带来的压力程度。比如:

· 老板给你设定了不切实际的最后期限。(7)

· 青春期的儿子和你较劲。(5)

· 付不起电费。(9)

· 家里老人生病住院。(8)

· 该给朋友买结婚礼物了。(3)

这个清单可长可短。即使很微不足道的事都可能成为引起压力的原因——比如孩子们吵着早餐要喝麦片粥，而这时你发现没有麦片了。日常生活中，所有这些小的因素加起来都会让我们产生压力。

**3. 写出这些事情带给你的感受**，例如：

身体症状：手心出汗、头痛、胃痛；

情感症状：激动易哭，总想用拳击墙；

心理症状：思路不清，注意力分散；

社交症状：担心自己会失败，或遭老板批评，甚至被开除。

**4. 仔细考虑自己的答案，对照下文的描述，确定自己的压力程度。**

在正常情况下，如果发烧了，你会认真对待，不去上班，待在家里好好休息。如果体温超过38.3℃，你就会去看医生。你肯定不会说："我挺挺就好了。"压力"发烧"也是同样的道理，但很多人都以为自己挺挺就能好。其实压力"发烧"的时间越长，问题就越严重，你就越不可能摆脱压力的困扰。

↗ **40.0℃或更高**

　　**深受压力毒害，已患有压力疾病**。你深知自己身上有很多压力引起的病症，但不知道如何停下这一切；对未来要发生的事恐惧万分；身心俱疲；日常职责根本无法完成，需要依赖药物入睡；再有一点儿压力就会让你彻底崩溃。

↗ **39.4℃**

　　**接近压力的危险水平**。身心深受压力病症的困扰；大多数时候都感到筋疲力尽，很难承担日常责任；再有一点儿压力，你就会垮掉；你总是在有意无意地试图逃离。

↗ **38.9℃**

　　**压力较大**。易怒，身心都受到压力的困扰；头脑不如往日清晰，大多数时候都会觉得比较疲倦，负担较重；如果再有一到两个重担，你可能就会崩溃。

↗ **38.3℃**

　　**压力水平处于中等状态**。无论在身体、心理、情感还是社交上，都受到压力的影响；感觉有些疲惫；责任成了负担，打破了整体平衡。

↗ **37.8℃**

　　**有轻微压力及相关症状，如颈部僵硬、消化不良等**。感觉有些亢奋，或者轻度疲倦；压力并没有严重影响你进行消遣娱乐，思维较清晰，办事效率尚可。

↗ **37℃**

　　**正常**。感觉身体放松，精力充沛，做事效率高；懂得消遣娱乐，有时间思考身边发生的事情；无论在身体、心理、情感还是社交上，丝毫没有任何压力症状。总之，你感觉良好。

你真的会放松吗

# 前 言

约翰·霍顿，医学博士
爱德华·汉兹利克，医学博士

作为医生，我们每天都会遇到一些因为压力过大而罹患疾病的患者。美国压力协会（AIS）估计，有75%到90%的人因为压力带来的不适去看医生。尽管医学研究人员目前还很难确切地说出压力带给人们的影响到底有多大，但临床经验和科学研究都表明，长期的、持续的压力，对人的身心健康都是有百害而无一利的。

人们深知重压之下的滋味不好受，知道有些不适就是因为压力过大而导致的，比如头痛、肩痛、恶心、腹泻、腹痛，或者心悸、焦虑、压抑等。当然，有些人对压力带来的影响感觉并不明显；而对另一些人来说，压力则会导致危及生命的大病。

大多数患者都清楚，生活中的压力已经给他们的身体造成了很大负担。但面对压力，人们通常觉得别无选择，因为外部环境决定了他们要承受压力,这是不能改变的,所以他们只能被动接受,苦苦渡过难关。还有一些人明知自己为压力所困,却不懂得如何改变目前的习惯、环境或情感反应。

在临床中,我们见识了各种各样的患者因为压力所受到的巨大影响。为此,我们试图找到解决问题的核心办法。比如,我们尝试过心理辅导,也取得了一定的效果。但仅仅依靠语言疏导是不够的,患者们需要更实际的治疗方式和手段。

长期的压力对人体有害,这是被越来越多的科学证据证明的事实。如何帮助人们顺利应对生活中的各种经历和体验而不再反复激活压力系统,成为我们研究的重要课题。

我们开始教给患者一些内在游戏的技巧,告诉他们如何摆脱长期的压力。十二年里,我们取得了惊人的成果,见证了内在游戏的神奇疗效,无论是应对急性疾病还是慢性疾病,内在游戏都可以为患者带来不可思议的惊喜。同时我们还发现,长期的压力状态是可以通过内在游戏来控制的。

在与患者的共同努力中,我们看到了感激的目光,这为我们开启了一扇尽情享受医学实践的大门。在这本书中,我们把内在游戏技巧与当前人们对医学的解读以及患者康复的故事融合在一起,希望通过这些来帮助患者减轻压力,提高生活质量,达到人生的巅峰。

你真的会放松吗

# 引 言

## 压力与内在游戏

一名世界级的高尔夫球运动员曾对我说,"在任何一场争夺名次的比赛中,每每到最后几洞时,我的手就会发抖,完全找不到在俱乐部打球时的感觉。"

之所以会出现这种情况,是因为如果可以再赢两场比赛,她就能入围高尔夫球世界名人堂候选人。这使她的压力在无形中增大了。

由于很难模拟她承受压力时的场景,我只问了她两个很简单的问题:

"打高尔夫球的目标是什么?"

"你为什么打高尔夫球?"

她的回答简单明了:"打高尔夫球的目标就是以最少的杆数

赢得每一局比赛。"她接着说道:"我为什么打高尔夫球?首先,我热爱高尔夫球的场地环境。其次,我喜欢竞争,更想展示自己在高尔夫球方面的天分。"

在说这些的时候,她的手并没有发抖。

她接着说道:"我很感激高尔夫球。在从事这项运动之前,我只是个无名小辈,是高尔夫球让我小有名气。同时,我也很感谢我忠实的粉丝,他们对我很有信心,相信我能赢得每场比赛。"

当话题从她对高尔夫球的热爱转移到别人对她的评价和期待时,她的手开始发抖了。她的紧张来自她已经预见到,终有一天,她不再是知名职业高尔夫球运动员,不再拥有忠实的粉丝。

实际上,这位职业高尔夫球运动员遇到的困扰,是我们每一个人都会遇到的。生活中,我们会扮演很多角色——父母、爱人、高尔夫球运动员、公司老总——但是这些外在身份并不是真实的我们。

内在游戏的任务之一就是要区分"我是谁"与"我做什么"这两个概念。厘清这两个概念可以帮助我们展现真实的自我,抛开所有阻碍我们实现最终目标的困扰。这样,无论在高尔夫球场上、工作上,还是在生活中,我们都能远离压力,展现自己最优秀的一面。

在这本书中,我们通过大量的例子,说明人们如何通过改变思维定式,解决各自的问题。希望这些例子能对你有所启发,从而通过内在游戏最终远离压力。

你真的会放松吗

# 第一部分

## 制造负面能量的罪魁祸首

第一章

# 压力是你自己制造出来的！

"压力太大了！"这句话我们随时都会听到。全世界每天都有人在用不同的语言、不同的表达方式重复着这一句话。

如果你想有压力，你算是生对时候了。

我们每天都被各种各样的烦心事困扰着，无论是全球大事，还是日常生活中的小事。铺天盖地的媒体信息每天都在刺激我们的神经：经济崩溃、房价上涨、恐怖事件、战争、储蓄贬值、公司倒闭、自然灾害以及不完善的医疗体系……令人烦恼的事多着呢。

然而也有人说过"没有压力我会觉得很奇怪"。的确，高压的生活方式能够激发人的内在能量。有些人甚至认为压力对人有

第一部分
制造负面能量的罪魁祸首

好处，因为压力同时也是动力，给你带来竞争的勇气。有商务人士这样说："竞争很激烈，你要比对手还厉害，才能取得成功。你必须铆足干劲，自我激励，要有一颗勇士的心。"

有些人的确能在面临巨大挑战时依然镇定自若，这样的人我们很佩服。贝拉克·奥巴马（Barack Obama）在竞选总统时被媒体戴上了"不搞噱头"的光环。他的镇定优雅的确给很多人带来了希望。另外一位杰出的代表就是纳尔逊·曼德拉（Nelson Mandela）。在南非监狱度过了27个春秋之后，曼德拉与曾经监禁过他的人一起建立了新政府。后来他这样评述那段时光："对政治犯而言，只有毅力和智慧才能战胜恐惧和脆弱。"

压力总是必要的，也是不可避免的。然而身体需要平衡，平衡才是自然的状态，只有这种状态才能让身体正常运转。

什么最重要，我们一定要心中有数，最重要的首先是健康。要有压力才能取得更好成绩的想法只是个传说。科学研究显示，长期的压力会损害我们的健康，导致严重的疾病，最终阻碍我们取得成功。

应当承认，我们自己恰恰就是制造压力的罪魁祸首。

记得有一次，巴西网球运动员古斯塔沃·库尔滕（曾赢得三届法网冠军）打败了比自己强很多的对手。那时候，他还不太出名。记者很吃惊，问他怎样调节自己的压力，库尔滕的回答是：

"什么压力？不是我怎么调节，我根本没感到任何压力呀！"大家好生不解，记者紧追不舍："这么紧张的比赛，你怎么会没有压力呢？"他说："比赛的时光很愉快。我很享受与这些高水平的人打比赛的感觉，这能让我超常发挥，很开心。"

很显然，对记者而言，"压力"在这样一个高水平的比赛中是必然存在的。但对库尔滕来说，真正对他有意义的是他有机会和世界上最优秀的选手比赛，有机会享受整个出色发挥的过程。此时，他的内心世界关注的是享受超常水平发挥的快感。在这种状态下，压力根本没有存在的空间。

不过，1997年初次赢得法网冠军后，库尔滕就不再感到毫无压力了。随着他在巴西的知名度越来越高，别人对他的期待也越来越大，库尔滕同样尝到了压力的滋味。随后几年他一直表现平平，直到2000年才又一次赢得了法网公开赛冠军。

从小我们就被灌输"有压力才会成功"的想法。大概在3岁左右，压力就找上门来了——我们要学得更多，做得更好，表现得更加聪明——这已成为童年时期不变的主题。我们每个人的内心深处都有想要提高、进步的渴望，然而不管谁的个人经历都可以证明，只有当你没有压力时，你才能做得更好。

一些商界精英却另有看法，他们说："如果我不施加点儿压力，工作就完成不了。"员工也会说："如果我不表现出挑战极限的样子，老板会以为我不够努力。"这就是恶性循环。

第一部分
制造负面能量的罪魁祸首

### 有挑战　没压力

在这里有必要对"压力"和"挑战"做一个区分。挑战是我愿意接受、想要尽力实现的更高目标。一般来说，接受挑战并不会让人感到压力重重，反而让人思维敏捷，随机应变，发挥出色。而压力虽然来自内心世界，却像是从外部强加给我们的感觉。"不能辜负别人的期望"，这种想法已经消磨了我们在放松状态下去争优的动力。

压力带来的是对失败的恐惧、内心的矛盾与斗争。而挑战带来的是放松下的专注、明确的目标以及充分发挥的热情。对于压力和挑战，我们都会打起120%的精神来应对。不同的是，挑战虽然让人感到疲倦，却不会像压力那样给我们的身心带来负担。

我曾给一家咨询公司的销售团队做指导，这家公司在东海岸很有知名度。我告诉所有的团队成员，营销业绩不是我们营销工作的唯一目标。我们还要关注在营销过程中自己学到了什么，从而享受这个自我提高的过程，我把这其中蕴含的三个要素概括为：表现、学习和享受。

我建议大家无论是为了公司的利益，还是为了个人的成功，都要平衡这三个要素。我没有想到，真正听取并实践我这一理念的是当时业绩排名最低的那个销售小组。他们觉得压力很大，发挥得不好，于是他们的领队决定要调整这种不平衡的状态。他告诉队员们："在接下来的一个月里，我希望大家能走出去，尽可能多地了解我们的客户，了解客户对我们产品和竞争对手产品的看法。"他提出"发现症结，享受过程"的口号。

一个月以后，这个小组的销售额排名从整个销售团队的最后一名上升到了第一名。显然，抛开压力后，剩下的就只有挑战了。也许他们当时并不知道，这种没有压力的工作方法可以不断复制，无穷匮也。

这三个要素是互相依赖的。如果在追求工作表现的过程中忽视了学习，工作的最终成果也不可避免地受到影响。同理，如果这个平衡中缺少了享受，学习和工作业绩都会失去色彩。这一理念在所有的人类活动中都行得通。

● 真实故事 / 压力的吸引
来自爱德华·汉兹利克博士

52岁的山姆（Sam）是依靠压力生活的典型例子，但压力却差点儿要了他的命。山姆是在妻子和朋友的催促下才极不情愿地来看医生的。他身上有很多病症，包括头疼、恶心、腹痛，偶尔呕吐，紧张焦虑。他不愿意看医生，因为他怕被检查出癌症或脑瘤。我给山姆做了全面检查，结果是没有任何问题。

"我怎么会感觉这么难受呢？"山姆不解。我告诉他可能是压力造成的。山姆听后很惊讶，就像许多成功商人一样，山姆坚信压力是他工作中不可缺少的一部分，而且他自己也能对付这些压力。

山姆的工作是给航天工业提供商业服务，这项工作本身就很有挑战性，工作时间长，而且也会有各种起起伏伏，但这是他养家糊口的手段。从某种程度上说，与这些病症比起来，山姆更害怕自己失去这些压力带来的"动力"。

这样的说法我之前也听过，有的患者认为，如果你没有压力，别人就会认为你不求进取。

山姆意识到压力并没有带给他任何优势，没有带来轻松舒适，而是给他带来了很大的负面影响，使他的身体出了毛病。他开始积极学习，无论身边发生了什么，都要保持健康。"我发现有时我得学会说不，"他说道，"我现在已经不再埋怨自己做得不够好了。我意识到如果工作的时候我感觉并不好，那我的工作也不会有什么进展。"这对山姆来说是很大的突破，对他病情的好转也有很大作用。

随着焦虑和压力的减轻，山姆的症状开始缓解，这一点我并不惊讶。对于压力，只要人们稍微投入点意识，就会产生大多数人意想不到的效果。

第二章

# 两个自我
# 之间的矛盾

许多年前,我当网球教练时总在想,为什么有时候我和学生们很努力,结果比赛还是打得平庸无味呢?后来我发现,无论是我还是学生们,内心深处都在不断进行着这样的对话——来球时,总有一个声音在暗地里指挥你:屈膝……尽早引拍……前挥击球……随挥动作……该死!没打着……看球……哎呀,太丢脸了……加油……加油……

显然,球场上有两个"自己"——一个是真正在打球的,另一个忙着指导、评判、担心。我把说个不停的自己称为"第一个自我",也就是我们想象出来的自己,他满脑子都是对和错,应该和不应该，满意和不满意；那个真正在球场上打球的自己是"第二个自我"。网球比赛中的问题就是，"第一个自我"噼里啪啦响个不停，总想独揽大权，一切听他指挥，而这恰恰影响了"第二个自我"的发挥。

其实"第二个自我"才是价值连城的超级电脑，比"第一个自我"有用得多。

"第一个自我"的脑子里都是别人的概念和期望，他通常把这种概念和期望以教练员的口吻传达出来。

以小孩子学习走路为例，如果我们像教练员那样教孩子走路，"左脚与右脚平行站立……抬左脚至离地面三英寸处……前方三英寸处落脚，同时身体向前移动……抬右脚……注意手臂……手臂应轻轻向前挥动……不对，挥动幅度不要太大……"

这实在太可笑了。在这样的条条框框下，孩子们永远也学不会走路。走路本身很自然，孩子们站起来，迈步、跌倒，重新站起来再试。这个过程中根本没有什么自我评判，就是不断地摸索和感受。这个自然学习的过程极其简单又充满乐趣，也是人类天生的内在能力的体现过程。

### ● 莫莉的故事 / 20分钟学会打网球

我曾经接触过一位名叫莫莉（Molly）的女子，她的故事证明了忽视"第一个自我"，就会取得意想不到的成果。

那时我的《身心合一的奇迹力量》（中文版由华夏出版社于2013年出版）一书刚刚出版，我就接到美国广播公司电视台（ABC）的电话。他们想来加利福尼亚做一个关于内在游戏的短片，片长20分钟。

我曾说过，任何人——不论身体状况如何，打球是否有天分，都能在短时间内学会网球。电视台的编导不相信我这种说法，他想验证一下。于是他找来一些连网球拍都没碰过的人，想看看在短短20分钟里，这些人在内在游戏理论的指导下学得怎么样。

在热身阶段，莫莉一个球也没接着。她开始紧张起来，不愿意在电视上展现自己菜鸟的一面。她身着华丽的夏威夷长裙，紧张地握着球拍。我承认，当时我也有些紧张，因为莫莉的表现也是内在游戏理论在全国观众面前的第一次亮相。

我让莫莉做一些简单的注意力集中练习——首先我来发球，她要在球落地的一刹那说出"弹"这个字，然后在球马上碰到球

# 第一部分
制造负面能量的罪魁祸首

拍的时候说"击"。她不用担心是否真的击中球，只要在击球时喊出"击"这个字就行。

莫莉看着球，我仔细观察着她。几分钟后，我发现她注意力已经高度集中，同时也很放松了。我还注意到她在说出"弹——击"的同时，有下意识的轻微挥拍的动作。这时我让她在找到感觉的时候挥拍击球。

第一个球没有击中。我鼓励她不要有负担，继续适时说出"弹——击"，随后她击中了所有的球。然而，这不是最重要的，更让我惊喜的是，她的球技也在提高。一开始只是简单地来回击球，5分钟后，她已经能比较流畅地打出圆弧球了，而这种打法一般是初学者在练习了几个月后才会掌握的。

接下来，我让莫莉仔细听球撞击球拍发出的声音，不用再喊"弹——击"了。当练习到反手击球的时候，我告诉她："听一听另一面击球的声音。"她照我说的做了，同时她反手击球的技术也越来越好，可她自己根本不知道自己在打"反手"球。看到她注意力很集中，我开始在后方球场发球，增加击球难度。无论她打得好与不好，我都不做任何评论。

莫莉已经完全沉浸在这个"弹——击"的过程中了，她忘记了身边还有3位记录她每个动作的摄影师。她很放松，玩得也很开心。我一心指导莫莉，观察她的进步，也忘记了摄影师的存在，忘记了时间。当我倏然想起时，离短片结束只剩3分钟了，而这时我们还没学习发球。

我告诉莫莉，发球就像跳舞，跟着发球动作可以数出节拍。我发了5个球，她看着我，情不自禁地发出"哒、哒、哒"的声音。接着我让她在脑海里想象自己发球的样子，并且在发球的同时接着数拍子："哒、哒、哒。"我见她放松下来，而且在数拍子的时候又开始下意识地挥动球拍，就让她自己试试发球。跟之前一样，第一个球她还是没打着，但之后的每个球她都打中了。对我来说，让人惊讶的并不是她每个球都发出去了，而是所有堪称"好球"的基本元素在她的动作中都自然而然地体现出来了。她节奏自然，步调一致，肌肉松弛，动作堪称优雅。

对于莫莉的表现，可以有很多种解释，一个是她把所有的注意力都集中在当下，没有让"第一个自我"来指挥、评判。而这时"第二个自我"老练而矜持，使连她自己都不知道的自然学习的本能充分展示出来。

另一种解释是，莫莉在整个学习过程中一直处于"放松下的专注"状态，学习环境很安全（没有自我评判的干扰），因此尽管有很多可以引起她紧张的因素，但压力系统一直没有被激活。

这是一个典型的忽视"第一个自我"、充分展现"第二个自我"的例子。(如果你想亲眼看看莫莉当时的表现,请登录 YouTube 网站搜索,或者登录"内在游戏"网站,网址为 www.innergameofstress.com。)

## 压力和"哎呀"体验

我发现了一个从"第一个自我"对感知到的处境指手画脚开始的反应循环,我称之为"哎呀"体验循环。

假设有一名运动员对自己的反手球没有信心。比赛期间,她看到球正朝着自己的反手边飞来,这时,她的"第一个自我"看到的不再是一个单纯的"网球",而是直奔她弱点而来的一种"威胁"。这种出于恐惧的观察足以激活她的压力系统,随即产生一系列的生理反应,可能是原地不动——瞬间犹豫,不采取任何行动;然后马上又想逃离,本能地后退,想避开这个不可避免的失误;也许她会想,我应该正面击球!……哎呀!球飞到眼前了!她使劲回了一下球,但是回球动作那么不自然,肌肉僵硬。

这就是错误的认知导致错误的反应,最终导致比赛结果不尽如人意。如果她看到自己这个回球的确不怎么样,这个循环的最后一步就发生了:"第一个自我"会说,"我的反手球太差了",进一步印证了她最初对自己的错误预言。这样,下一个反手球就

你真的会放松吗

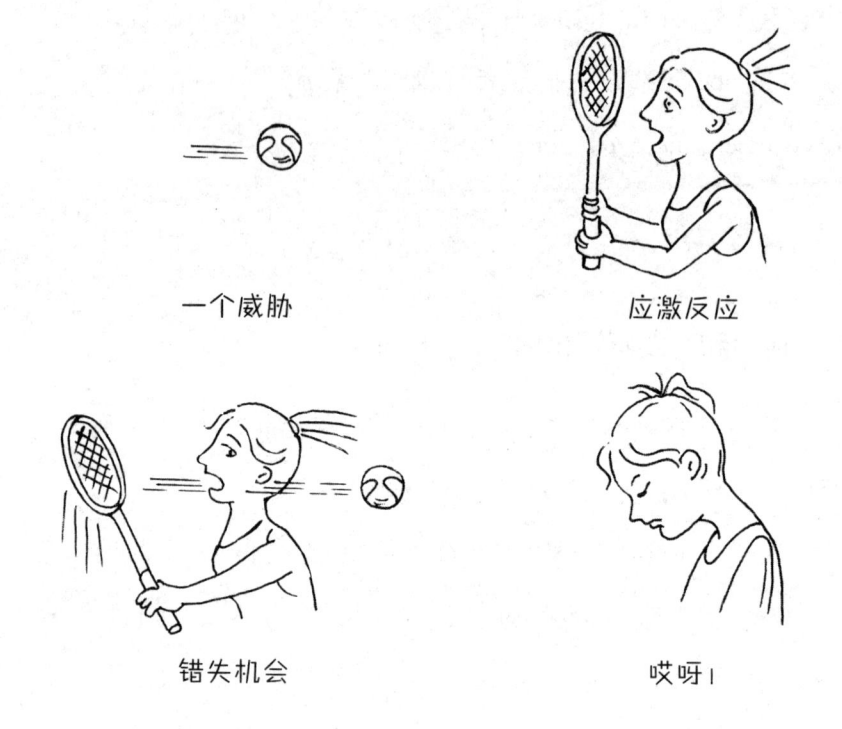

一个威胁　　　　　应激反应

错失机会　　　　　哎呀！

会成为更大的威胁。这个循环会不断发生，直到成为一种定式，她会认为自己作为一名网球运动员反手球打得太臭了。

在这个循环的背后，尽管"第一个自我"在不断地干扰、误判，能干的"第二个自我"仍在不遗余力地发挥所能，熟练地执行着"第一个自我"的指示。即使是非常优秀的运动员也可能把某些球看作"威胁"，受到"第一个自我"的影响，产生压力。这个很小的误判会被带到回球动作中，导致失误。所以这种情况在每个人身上都会发生，只是程度有所不同。

# 第一部分
## 制造负面能量的罪魁祸首

一个挑战

专注回应

有效回击

啊哈!

这种"哎呀"循环也会在你面对其他状况时出现,如大发雷霆的老板、淘气乖张的孩子、喋喋不休的配偶、棘手难缠的问题、堆积如山的工作、出乎意料的变化,或者股市暴跌、与搭档意见相左。所有这些都向你涌来,很容易成为你眼中的"威胁",引发"哎呀"循环。

但从另一个角度讲,它们也可被看成专注的挑战,从而促使你提高注意力,激发创造性的回应,从"哎呀!"变成"啊哈!"。

### ● 真实故事 / 丢失自我
#### 来自爱德华·汉兹利克博士

一位名叫布伦达（Brenda）的患者病了很久。她的症状也总是变来变去——过敏、乏力、消化不良、头痛。她总是病恹恹的，我尝试了很多办法，都没什么效果。

一天，布伦达在母亲的陪伴下来到医院。她母亲是一位意志坚定、直言不讳的老人。她告诉我们，布伦达小时候十分迷恋音乐，除了音乐她什么都不要。但"幸运"的是，她最终说服布伦达，搞音乐是很愚蠢的职业，她应该好好学习，进入商界。"看，"她指着自己脆弱、病态的女儿自豪地说，"她现在是办公室经理，收入不错，也买了大房子。我的决定太明智了。"

说到这，我们就很清楚了，布伦达每天在办公室里把工作打理得井井有条，可她真正想做的却是音乐。布伦达长期患病有没有可能与她丢失了自我有关呢？更何况这种放弃让她很不开心。

我问布伦达现在是否还玩音乐，她回答说自己没什么时间，还列了一堆自己的工作职责。我像教练那样和她一起讨论抽出时间重拾音乐的可能，她很快接受了这个想法。我们最终决定把音乐作为一种练习，不是为了锻炼身体，而是为了怡情。

# 第一部分
## 制造负面能量的罪魁祸首

等到下一次布伦达来办公室时,我发现她精神了许多,也更有活力了。她自己也感觉好多了,兴致勃勃地说自己加入了一个音乐社团。看到她慢慢走出压力的笼罩,重新找回快乐、自由,并渐渐恢复健康,我真的很高兴。通过这种简单的自我娱乐,获得快乐和满足,确实能够帮助人们打开康复之门。只要我们能认识到这一点,一切就会变得不一样了。

"第一个自我"不断地进行评判,带来恐惧,这个循环一圈圈累积起来,就像一件家具被反复粉刷上漆一样。后来,有人想对家具进行修补,就开始一层层地剥开这些漆,想要找到最初的那道漆。

同样,人的一生中,焦虑、评判和恐惧也一层层累积,真正的自己就被深深地埋没了。

其实,人的身上藏着一种神奇的能力,这种能力是天生的,而且效率很高。但很多人在"第一个自我"的指挥下,不知道如何利用这种能力。然而要真正摆脱"第一个自我"的思维习惯,做回自己,仍任重而道远。

### 内在能力——"第二个自我"的品质

说到我们身上的内在能力,你能想到哪些?我们给出3条提示，帮助人们最终确定这些能力：

1. 这些品质存在于孩子身上；
2. 看到别人身上有这些品质时，我们很羡慕；
3. 看到自己身上有这些品质时，我们很喜欢。

几年来，参与回答这一问题的人给出的答案惊人地一致。以下是对所给答案的总结：

- 感知能力
- 承诺和选择
- 爱和友善
- 学习、理解、确定
- 自发、真诚
- 勇气和力量
- 享受和欣赏
- 希望和信任
- 创造力和好奇心
- 幸福、满足

许多参与者说，他们之前并没有意识到自己有这么多天生的、积极的能力。

"第二个自我"是真实的，"第一个自我"在很大程度上是幻觉。但如果我们没有意识到，这个幻觉就要唱主角了。有时候这两个自我区分得并不明显，因此内在游戏的工具和手段就是要告诉你如何区分他们，而且这种区分要建立在感受的基础上，与概念和愿望无关。

第三章

# 压力制造者的
# 五个把戏

我们把"第一个自我"称为压力的制造者。在任何情况下，我们头脑中那个喋喋不休的声音都可能制造一些麻烦。正如我之前所说，这个压力制造者在高尔夫球场上也经常出现。很少有运动项目像高尔夫球那样考验人的耐心和定力。看到成年男女，包括我自己，非要用一根滑稽的小棍把一颗很小的白球打进一个很小的圆洞里，我觉得很有意思。这种运动对有些人来说很难，但大多数人还是做到了。

最近，我在指导查理（Charlie）打高尔夫球。查理是一位很有魅力又平易近人的商人。在高尔夫球场上，他显得既放松又开心。他打得不错。站在球边，查理一直显得很镇定，然而当球杆就要碰到球时，他那原本优雅的神态突然变得有些凶悍，又有些恐惧，眉头紧皱。那一瞬间，他似乎变成了另外一个人。我想，"这个人是谁？原来那个查理哪去了？"可当他击完球，那个外向随和的查理马上又回来了。

我问查理，在他挥杆时，是否注意到自己的嘴唇有什么变化。于是在接下来的几杆里，他开始仔细体会。当发现自己在打球的瞬间双唇紧闭时，他有点儿尴尬，不好意思地笑了。

我指着他的笑脸说："如果让查理来打这个球，你觉得怎么样？是这个查理，不是那个紧张恐惧、眉头紧锁的查理。"

在接下来的几次击球中，查理的愁眉苦脸慢慢消失了，而他也惊讶地发现他打的球比以前飞得更远、更直了。

查理的故事充分说明了在压力状态下会产生什么样的后果。"第一个自我"把击球这个瞬间动作看成阻碍成功的一种威胁。这种评判引发的身体反应会影响"第二个自我"流畅地挥杆击球。

你生活中的压力制造者有哪些？它们的声音是什么样的？这里所说的压力制造者也可以称之为让人恐惧、怀疑、困惑和无知的念头。我们都注意到，有时候我们可以轻松摆平生活中的压力，而有的时候我们让压力给摆平了。这两种情况不仅与压力大小或

# 第一部分
## 制造负面能量的罪魁祸首

者我们内心的平衡程度有关，还与我们所受压力制造者的声音影响程度有关。你能认出在下列情况中你的压力制造者的声音吗？

**把戏1：身份盗窃犯**

压力制造者好像在用你的声音说话。例如，"我真是个大笨蛋……我干不了这个……我是个失败者……没人喜欢我……我真没用……"它对你了如指掌，做出的评判也很权威，因此你就错误地把这些话当成是自己对自己的准确评价。

● **真实故事 / 谁盗用了我的身份**
来自爱德华·汉兹利克博士

露丝（Ruth）是一位30多岁的年轻女子。她第一次来我办公室时情绪十分低落，甚至有自杀倾向。从表面来看，露丝没有不开心的理由，可她就是找不到生活中的乐趣——她正被压力制造者无情的内心对话折磨着。

"我讨厌自己。"她在第一次会诊中痛苦地说道。

"等一下，"我打断她说，"你说的这个我是谁？"

"我就是我啊！"她有些困惑不解。

"你确定那就是你吗？"我问，"听起来好像是压力制造者在说话。这种情况应该属于身份盗窃，就像有人偷了你的身份，用你的声音讲话，让你恐惧、困惑、失去信心，而你却信以为真。"

露丝很惊讶，也很好奇，暂时忘了自己的不开心。这片刻的反思让我有机会和露丝谈谈她作为一个人——一个与那个讨厌自己的声音不同的个体的内心所具有的力量。

露丝总是有很多消极想法，这些想法主导了她的内心世界，这是压力的根源。我们研究了导致她空虚和自我厌恶的童年经历。当她意识到那个压力制造者的声音并不是她自己，而且她有权决定是否继续关注这个声音时，露丝如释重负。

最近她既惊讶又兴奋地说："已经三个月了，我一直感觉不错。"

## 把戏2：引发巨大恐惧

压力制造者十分擅长预测最坏的结果。例如，早上你正在洗澡，偶然发现脖子上有个很小的肿块。起初你并没在意，但压力制造者可不这么想。它马上想象出可能存在的最坏的诊断结果以及最可怕的治疗手段。你试图摆脱这些想法，但压力制造者就利用你对情况的不确定感来说服你接受这种恐惧。等你洗完澡走出浴室，你的脑子里可能已经在想着化疗的各种副作用了。

恐惧本身也有能量，它能麻痹常识和批判性思维，使你陷入负面思考中。打个比方，你正在徒步旅行，突然觉得脚痛。是怎么回事呢？你开始胡思乱想：也许是得了关节炎，也许是痛风。你的想象力四处乱撞，而疼痛也越来越严重。你向同行的伙伴要了点儿布洛芬或者什么其他止疼药吃了，但症状没有得到缓解。你一瘸一拐地走着。也许是癌症，或者其他类似的什么病……远足的时间算是到头了，你这样想着，越来越焦虑、担心，旅行的快乐也荡然无存了。

最后，一个同伴说："你把鞋脱了，看看脚怎么样了。"于是你脱掉鞋，发现脚趾下面有个小石子。你把石子拿出来，疼痛消失了，巨大的恐惧感也随之逃走了。这一切都是因为压力制造者从过去别人的疼痛经历中总结出某些经验，盲目地制造了一些无谓的恐惧。

● **真实故事 / 了解疼痛**
　　来自约翰·霍顿博士

丽贝卡（Rebecca）因为长期背部疼痛转到我这来治疗。她已经数月不能正常工作，但她的病症一直没有得到明确诊断。她的椎间盘有点儿小问题，但这并不能解释其背痛的原因。她做过理疗和针灸，都没有什么效果。对此，丽贝卡十分担心。

深入了解后，我得知丽贝卡的父亲得了 ALS——肌萎缩性脊髓侧索硬化症，也叫卢伽雷氏症。ALS 是一种极其痛苦并最终致命的疾病，有很强的遗传性。在谈论她父亲的过程中，我了解到丽贝卡很害怕自己遗传了 ALS。

对未知事物的恐惧，以及对未来的难以掌控，都是我们焦虑的主要原因。我告诉丽贝卡，她的疼痛包括三个部分：一部分是身体上的；另一部分是出于对 ALS 的恐惧；还有一部分是焦虑带来的。当她认识到自己的恐惧和焦虑带来的疼痛比她背部的小问题要大得多时，她感觉好多了。后来她做了基因测试，发现自己没有遗传 ALS 基因，她的负担彻底放下了。

在那之后，当丽贝卡再感到背痛或腿痛时，再也没激活过自己的警报系统。

无论担心是否真实，有无必要，过度恐惧本身也会导致压力。对于任何有病痛的人来说，一定要尽量找到疼痛的原因，到底是身体上的，心理上的，还是情绪上的问题。这可能要花费一点时间，但是很有必要，这是战胜恐惧的重要一步。

### 把戏3：渲染负面情绪

一个很简单的想法，比如"那个人不喜欢我"，都能引发一连串的负面情绪：不解、伤心、绝望、愤怒、恐惧。一旦我们接受了这些负面的东西，它们就真成了事实了。

有一个关于印第安人的故事，讲的是一个农民，他的骡子死了，于是他想借邻居的骡子耕地。在去邻居家的路上，他开始想象邻居可能说的各种不中听的话："你怎么连自己的骡子都看不好呢？你用我的骡子，你能照顾好它吗？"他边走边想，越想越激动，结果邻居刚一开门，他就伸手一拳，破口大骂，"你这个狗杂种！"

这就是在压力制造者的怂恿下，我们采取的行动。

---

● **真实故事** / 了解旧病陈伤

来自爱德华·汉兹利克博士

梅雷迪斯（Meredith），女，60岁出头，浑身有灼痛感，夜间尤甚，无法入睡。起初，医生判断她的症状与更年期有关，于是大量使用激素，结果适得其反。她同时患有其他症状，如消化不良，浑身乏力，性欲低下，萎靡不振，心慌气短。她到我这看病时，迫不及待地想知道自己到底怎么了。

我给梅雷迪斯做了更细致的检查，并谈起她过去的生活。她的经历很不寻常。12岁时，有一天她坐在汽车的后座上，当车行驶在布鲁克林大桥上时，她听见母亲大喊了一声"看车！"，就什么也不知道了。醒来后，她得知发生了车祸，车祸很严重，到处是血，母亲也在车祸中丧生。

在后来的日子里，梅雷迪斯从来没有仔细想过自己对那件悲伤往事的感受。即使事情过去了50多年，她在和我谈起这件事时仍会伤心流泪。看得出来，梅雷迪斯很可能患上了创伤后应激障碍。车祸发生后，她的压力系统一直处于高度紧张状态，直到现在也没完全恢复。

排除了其他疾病的可能后，我告诉梅雷迪斯，她的压力系统活跃过度，而且持续时间较长。由于不知道自己的症状是童年创伤所致，她一直承受着压力制造者夸大的恐惧和负面影响。

一开始我们找不到合适的治疗手段，因为梅雷迪斯对治疗效果做出回应的声音就是压力制造者的声音，而压力制造者一直持怀疑、焦虑和恐惧的心态。后来，我们把重心转移到治疗情感和身体创伤上。慢慢地，梅雷迪斯摆脱了压力制造者的影响，她的身体状况也开始改善。

在医学实践中，我们发现很多患者在得知自己长期乏力不振是旧病陈伤所致后，症状都会慢慢缓解。

**把戏4：自我攻击的高手**

自我攻击是压力制造者手中的王牌。你所做的任何事情它都要质疑，它始终认为你糟糕透顶，对你的愿望嗤之以鼻，评论起你时还毫不留情，而且它还想方设法让你相信这些都是真的，就这样慢慢瓦解了你的自信。

自我攻击的衍生物之一就是指责。有一首诗，题目是《悲伤的游戏》，作者是14世纪波斯诗人哈菲兹（Hafiz），霍顿医生曾经给他的患者（这些人都深陷责备之中）读过此诗：

> 责　备
>
> 让这悲伤的游戏继续，
> 所有的财富都离你而去。
> 不会理财的傻瓜们倒富起来，
> 亲爱的，别傻傻地叹息。

● **真实故事 / 学会屏蔽消极的声音**
来自爱德华·汉兹利克博士

我的患者雷切尔（Rachel）身材肥胖，她因此压力很大。一直以来，她都为自己的体重而闷闷不乐。我让她想想对自己满意的地方，然后把注意力集中在这些方面。每当她脑海中又出现对自己不满的想法时，我都鼓励她避开那个念头。

这对雷切尔来说很新鲜。她问："你是说即使我阻止不了自己的消极想法，但还是能避开它？"

"是的，"我说，"这种消极的想法不容易消除，因为它时常会出现。但我们要认清它的危害，你有权选择是否接受这些想法。"我向她解释了压力制造者的本质，而我们还对它十分在乎，它也知道自己怎么做才最有说服力。但我们仍然可以后退一步，冷静地问一问："我同意它的看法吗？这对我有好处吗？"一般来说，自我攻击没有意义。我们可以通过友好的自我反省取得进步。每个人都在成长，而评判和自我攻击只会给我们带来负面影响。

### 把戏5：生成错误预期

压力制造者总有一些典型的观念——如"幸福就是结婚，生两个孩子，买一所大房子，有份体面的工作"——并且坚持认为要按这个标准生活。如果一旦没有达到这个标准，压力制造者就会开始折磨人，让我们痛苦、绝望。它会告诉你如果不减肥，你就不会变漂亮；在公司里，如果没有升到一定职位就不叫成功；如果不开跑车、住豪宅，别人就不会佩服你、羡慕你；等等。

加利福尼亚州的奥兰治县是一个富有的地方。而最近在此进行的一项调查研究显示，当地居民总是感到郁闷、压抑。研究人员在分析原因时发现，那里的很多富人都喜欢拿自己与别人作比较，不允许自己对生活感到满足，因为总有人比他们还要富有——一位邻居换了一辆更好的车，另一位邻居乘坐豪华游轮去巡游，还有邻居重新改建了自己的房子。正是这种长期的挫败感，让人们压力重重，最终导致这里的人们总是感到压抑、沮丧、闷闷不乐。

压力制造者满脑子都是我们应该怎么样。它总是提醒你还没得到什么，强调你所受的不公平待遇。有时，压力制造者还会不断暗示你的尊严受到了侮辱。

---

● 真实故事 / 不接受的态度所带来的伤害

来自约翰·霍顿博士

马克（Mark）65岁，退休在家，生活过得不错。他的业余时间都用来休闲娱乐，打打网球，享受自己劳动的成果。他为自己的活力和健康感到骄傲。

马克的前列腺出了点儿小问题，这对他这个年龄的男性来说并不罕见。问题不严重，但需要进行一项小手术来治疗。马克对手术十分担心，他觉得这简直是对自己尊严的侮辱，颠覆了那个健康有活力的自我形象。这样的事竟然发生在他身上，这让他颇为恼火。没有办法，他最终同意进行手术治疗。

马克的手术很成功，他的儿子儿媳都陪在他身边。奇怪的是，尽管手术一切顺利，马克的精神状态却很不好。他变得暴躁、易怒，对什么事都很厌恶，甚至辱骂家人和护士。大家都摇着头："这个人到底怎么了？"

后来，马克得了术后感染，这让他更加心烦意乱。怎么能感染呢？他接受不了，暴跳如雷。尽管医生和家人用了各种方法，还是没能让他平静下来，最后他出现了肾衰竭迹象。

大家都很清楚，马克的自尊心问题严重影响了他的康复。他的病情继续恶化，最终不治身亡。马克的故事告诉我们，如果我们听从压力制造者的指挥，那么再好的治疗也无济于事。

现在，在患者进行手术前，我都会花时间和他们探讨该如何面对自己的压力制造者——他们的自我形象、自尊心在疾病面前到底应该怎样达到统一、和谐。

## 从压力制造者手中夺回控制权

我从事自由职业很长时间了，但有时还会为自己的工作感到紧张、烦乱。一天早上，我睁开眼睛的第一个感觉就是焦虑。直觉告诉我那个压力制造者又开始控制我了。于是我与自己进行了简短对话，想看看焦虑的背后到底是什么。

"发生什么事了？你怎么这么焦虑呢？"

"我也不知道今天怎么了！你给我安排了这么多要做的事，我根本做不完。而且你还想让我用最短的时间，按最高标准来做，我能力有限。但如果我完不成，或者完成得不好，你又会对我失望。"

我意识到压力制造者又跑出来指挥我工作了，让我更现实地看到自己一天能完成多少工作。我要做的第一步就是让自己相信，这一切由我掌控，不是压力制造者这个苛刻的监工。

这是一个协商的过程。我告诉自己："我有基本需求——今天总得完成一部分工作，这样我才能赚钱养活自己。但我也会保护自我，不接受压力制造者对我不切实际的期望。我要开始工作了。"

我选择给自己建造一个防护盾牌——我知道一旦让压力制造者参与进来，它就很可能成为我内心的上司，让我一整天都压力重重。

在压力研讨会上，我问与会者，他们用什么办法摆脱压力制造者。课堂气氛顿时活跃起来，大家兴奋地分享着各自远离压力制造者的秘密。

"我会大声说，停！我可不上套！"

"不好意思，这不欢迎你！我也没工夫理你。"

有人想象自己撞车了，结束生命会让压力制造者换个角度来评价自己。

还有的人干脆忽视压力制造者，把所有注意力集中在别的事情上。

一个朋友曾问我，"你知道焦虑是什么吗？焦虑就是个骗子，假装自己了不得。"我觉得这个定义很有意思。

当面对未知世界或事态不明，既可这样又可那样时，压力制造者总是显出最权威的样子。它要让你自动接受最坏的一面。而"第二个自我"的策略是探索，根据事实找出事情的真相。

你要学会识别压力制造者的声音。首先你要告诉自己："这不是我在说话，是我在听。"然后从众多办法中选出一种来避开这个声音。每次这样做的时候，你就已经用自己的智慧向赢得压力的内在游戏迈出了一大步。

面临压力时，你越会区分压力制造者的声音和自己的声音，就越会感到自然、镇定，而你也会有更多机会利用自己的智慧。

你真的会放松吗

## 第二部分

## 转化负面能量

第四章

# 面对压力，
# 不一定非要迎难而上

我们不喜欢有压力的感觉。一旦紧张、焦虑，我们就会思维混乱，展示不出自己最好的一面。然而，压力反应是必然存在的。

人体的压力系统是人类进化早期为了生存而产生的保护性生理适应。早在原始社会捕猎时期，人类的基因和自然反应机制就已经形成了。想象一下，我们的祖先正在采集浆果，或者饱餐一顿后正在休息，突然，他们面前跳出一只猛兽。他们随即做出反应，肾上腺素急升，此时心跳加快，把血液主要供给到骨骼肌肉中。这就是对抗—逃离反应，所有能量都为生存、逃命做准备。

## 第二部分
### 转化负面能量

眼下，我们大部分人的生存环境不再像祖先们的那样时时充满人身危险。但我们仍然使用同一个压力系统应对生活中各种细小琐碎的压力源——挨老板骂、与爱人小吵小闹、没赶上火车等等。

长期压力带来的影响总是不知不觉的。例如，英国一项研究表明，心里感到委屈的人遇事更容易往心里去。在该项研究中，认为生活不公的人患冠状动脉疾病的概率比普通人高55%，这比高胆固醇患者的患病概率还要高，但很少有医生注意到这一点。

最近，斯坦福大学生物学和神经学教授罗伯特·萨波斯基（Robert M. Sapolsky）写了一本书，陈述了压力对身心功能的巨大影响——一群狒狒因食用某旅行团的垃圾而患上肺结核，而生病死去的都是强壮的雄性首领，那些弱一些的雄狒狒、雌狒狒和小狒狒们却活了下来。这个动物群体也由此变得更安宁，更兴旺了。萨波斯基猜测雄性首领狒狒内心激烈的竞争欲使它们不能像其他狒狒一样平静地应对肺结核病菌。

## ●真实故事 / 对抗的力量
来自爱德华·汉兹利克博士

米拉（Myra）65岁，因为声音颤抖，无法应对正常工作来找我看病。她清楚地记得自己发病的确切时间：那天米拉回到家洗了澡，正要擦干身上的水时，听到有人敲门。急促有力的敲门声催促她裹上一条浴巾就走出浴室。

紧接着她看到两个年轻男子闯了进来。米拉吓坏了，她说当时她的心一下子提到了嗓子眼儿，咚咚地跳个不停。她以为自己要被强奸或者杀掉，下意识地尖叫起来，声音大得连她自己都吓到了。她说那声音就像狮吼一样。而更让米拉没想到的是，那两个人听到这一声尖叫，竟然掉头跑掉了。

这件事发生后，米拉好几个小时都说不出话来。再次开口说话时，她的声音就开始发抖，这种情况持续了好几个月。米拉去看耳鼻喉专家，专家在检查过她的喉咙之后确定能够看到她的声带在抖。她也去看了神经科医生，医生给她开了两种药，可是她的病非但没有好转，反而更严重了。

米拉的压力系统在受到极大威胁时，产生了正常的应激反应，及时有效地维护了自己的生命安全。但她的声带并没有做好大声喊叫的准备，因此受到重创。

在情感上，这一经历本身就是创伤性的。一般来说，在紧急应激状态下，我们不会注意压力带给身体的影响，因为当时我们关注的是生存。而当应激结束后，我们放松时就会发现，压力给我们身体带来的危害有多大。

人的身体一旦受到应激创伤，心理和神经系统受到的影响会一直存续。对米拉而言，随着她认识到"第二个自我"发出那声尖叫的力量，以及由此导致的声带损坏，她的病情就开始好转了。我告诉米拉要让嗓子充分休息，并接受她目前的情感状态，这是正常反应的一部分。我也希望她能认识到自己在这次危机中所用到的内心力量，当她发现自己声音发抖时，要感谢"第二个自我"（她的内心力量）救了她。

一星期后她来复诊，说自己现在的声音只是偶尔会发抖，但她一直保持心态平和。就这样，米拉的声音慢慢恢复正常了。

## 僵化反应：强光下的小鹿

在对抗—逃离反应之外，还有一种原始反应，这就是所谓的僵化反应——小鹿在突然遭遇强光时的反应，既不逃走，也不抗争，吓得瞬间僵在那里，不知所措。这样的情况在网球场上也很常见。运动员上场时，看到球迅速朝自己飞来，却不知如何应对时，就会站在那一动不动，眼看着球从面前"嗖"地飞过去。

僵化反应同样是神经系统的一种下意识反应，其特点是使人在危险面前尽量僵持不动，其目的就是隐藏自己。

僵化反应让我想到一个人小时候的经历：你一个人躺在床上，屋里漆黑一片。你觉得藏在壁橱里的怪物就要出来了。但你既不能喊也不能跑，因为那样怪物就会看见你，把你抓住。当然你也打不过它，所以你能做的就是尽量让自己变小，变没。你慢慢地呼吸，就像在某种意义上你不存在一样，这样你就隐形了。

成人版的僵化反应包括陷入困境时止步不前，又不想动手解决，不采取任何行动。

我们在临床实践中发现，当不利状况发生时，经历过创伤或儿童时期遭受过虐待的人更容易出现僵化反应。我们有一个年轻建筑师的案例。一天，建筑师的同事愁眉不展地说自己得了重病，听了这个消息，这位建筑师意外晕倒了。他被送往急救室。经过检查，并没发现他的心脏或神经系统有任何问题。他也不知道自己为什么晕倒。但当问他，是否童年时期经历过一些身体、心理或者情感上的应激反应时，他想起有一天回到家里，看见叔叔在殴打自己的母亲，而他母亲也因此丧命。从那以后，任何强烈的情感都能在他身上引发严重的应激反应，这就是僵化反应。

当他明白了晕倒的原因所在时，就决定一定要阻止这种反应继续发生。很快，他好了起来，也没有再去医院。这位年轻人知道自己的神经系统的弱点，能正确应对，不再恐惧，也不需要不必要的医学治疗。

## 临危镇定的本领

2009年1月16日，一架从纽约起飞的飞机撞上了一群大雁，致使左右两侧发动机失灵，飞机失去动力，迅速下降。机长萨利（Sully）当机立断，将飞机完美迫降在结冰的哈德逊河上。机上乘客全部获救，这创造了"哈德逊奇迹"。

值得注意的是，萨利在面临极度危险和强烈恐惧时，仍能镇定地做出复杂而正确的决策，飞行员称这一技能为刻意镇定，需要长期训练。

我们能够确定萨利当时是恐惧的。但他能够利用大脑结构和功能中更为高级的系统，通过理智、刻意的思维活动，很好地控制自己的自然情绪，利用本能的内心力量和从飞行经历中获得的经验，迅速平衡各种利弊，判断最佳着陆点，最终完美迫降。

我们的应激体验中，有很大一部分都源于低级反应。但我们也可以像萨利一样，利用人类进化过程中形成的高级神经回路和本能的内心力量，使掌控自己命运的过程更加出色。

## ● 真实故事 / 用食物麻痹悲痛

来自约翰·霍顿博士

我见过的最胖的人,是在旧金山一家诊所做会诊医生时遇到的一个患者。他叫拉里(Larry),体重有400多磅,因为超重,他决定减肥。

拉里在成长过程中没有明显的肥胖迹象,他的家庭成员也没有体重问题。他的体重是在经历了一次特殊事件后开始增加的——即众所周知的琼斯镇集体自杀惨案,拉里的妻儿都是受害者。

惨案发生前,拉里是一位颇为成功的商人,他正在洛杉矶的家中为琼斯镇组织募捐——他和妻子坚信这个组织会带给他们全新的、理想的生活方式。但惨案发生后,拉里不仅失去了妻儿,也失去了对生活的憧憬,一切都变得没有意义。

事情发生后,他第一反应是打电话叫比萨外卖;吃比萨的时候,他又给当地一家炸鸡店打电话;吃炸鸡时,他又打电话订了一份中餐外卖;吃中餐时,他又在想接下来该打电话订哪种比萨。

随后的几个星期里,拉里一直用食物来麻痹自己的悲痛。一天,拉里偶然从镜中看到自己,吓了一大跳,那个肥硕无比,不成人形的怪物，连他自己都认不出来了。

虽然暴饮暴食在一定程度上缓解了他当时的压力，但这种办法让他的身体每况愈下。慢慢地，拉里开始接受这件事，不再吃了。在来我这看病前，他已经减掉了100磅，可他还得再减掉100磅才行。

听了拉里的故事，我由衷地佩服他愿意重新找回自己的勇气。会诊接近尾声时，我和拉里都相信他能够慢慢做回自己，虽然没有妻儿的陪伴让人伤心难过，但这样的自我认知更清醒，更明智。

拉里的故事给我上了生动的一课，原始的压力系统力量惊人，因此我们必须从根本上解决引起压力的各种问题，想通过诸如暴饮暴食、吸毒或酗酒等方式掩盖压力，是行不通的。看到拉里下定决心，我深受鼓舞，也希望那些即使遭遇大灾大难、极度悲痛的人也能最终找回那个曾经的自己。

### ●医生日记 / 人的三个大脑
#### 约翰·霍顿博士和爱德华·汉兹利克博士

我们以科学家保罗·麦克莱恩（Paul MacLean）的最新理论和研究为基础，从进化论的角度来看看人们采用更高级的方式进行反应时，大脑内部发生了怎样的变化。

麦克莱恩认为，人的大脑分为三个层次，按照形成时间分层分布，即较早形成的旧脑层位于下部，后形成的新脑层位于上部。他认为，人之所以患病，就是因为低级脑层支配了高级脑层。这种情况一旦发生，我们就会失去判断力、理解力，对人类社会事物、关系的处理方式也更倾向于原始的、动物的方式。

麦克莱恩把第一层脑（也就是最原始的大脑）称作爬行动物类脑。这一部分大脑掌管个体生存问题，对家人、朋友、娱乐等毫无概念。在人脑中，爬行动物类脑主要包括脑干和小脑。其中，脑干负责维持生命的重要功能——心跳、呼吸和新陈代谢。如果这一部分大脑保护完好，即使其他部分的脑有较大面积的脑损伤，生命仍然能够存活。爬行动物类脑抗拒外界变化，发出的指令也都建立在恐惧的基础上，没有学习能力，应对挑战的能力极为有限。爬行类动物（或以爬行类动物方式处事的人）在遇到

## 第二部分
### 转化负面能量

威胁时，只会攻击、逃跑或僵持不动。

麦克莱恩把第二层脑称作哺乳动物类脑。这部分大脑主要包括杏仁体，这是一个比爬行动物类脑更高级的结构组织，对外界危险的警惕性更高。杏仁体连接下丘脑、垂体和肾上腺，协调人类最基本的对抗—逃离—僵化反应，保护我们免受伤害。杏仁体可不经思考自动激活。比如你刚出门，突然看见草地上有什么东西，样子很像蛇，你肯定吓得立刻往回跑。可仔细一看，才发现原来那是一根浇水用的软管。这时你放松下来，笑了笑自己刚才的傻样，然后又该干什么干什么了。

在物种的进化过程中，人类还产生了更为复杂的哺乳动物类脑——海马区，这一部分大脑能够更精确地观察和感知外部世界。也正是海马区让人意识到草地上的蛇状物体是软管而并非真蛇。此外，海马区还有学习和记忆能力，赋予哺乳动物一些特殊本领。有了这个本领，你的宠物狗才能认出你、回应你，把你和其他陌生人区分开来。

第三层脑（即最高级的大脑）就是我们所说的人脑——大脑皮层，这是大脑的主要组成部分，占整个脑体积的5/6。人的思维活动发生在这一区域，它由丰富的神经细胞构成，并连接海马区。人脑中的前额叶皮层与许多大型神经网络相连，使人类不同程度的思维活动得以进行。

大脑皮层与人类最高级的思维活动和能力息息相关，包括语言、理性思维、记忆、理解、运动协调能力、创造力、音乐创作、写作，融入家庭或集体但又保持自我的能力，审视自我生活的能力，以及认知时间的能力。

在以上三种脑中，无论是低级大脑产生的对抗—逃离—僵化反应，还是早期或更为高级的哺乳动物类脑，对于我们生活中所经历的大部分应激事件都束手无策。只有通过人类特有的人脑，我们才能在应激发生时，退后一步，审视周围世界，采取有意识的行动。

人脑能够通过智慧平衡应激系统的初始反应。有了人脑的这些特性，我们才会临危不惧，设法想出最佳策略，解除苦痛，超越挫折，战胜生活中的种种挑战。

## 生命中真正的心满意足

心理应激与人对外部世界的感知有关。人一旦感到危险或恐惧，就会产生心理应激，无论这种感知真实客观与否。

引发心理应激的还有更为隐性的因素，即没有满足自我实现这一需求。心理学家亚伯拉罕·马斯洛（Abraham Maslow）在他的需求层次理论中提出："自我实现是人类各种需求中的最高需求。"他研究发现，那些最成功并且身体最健康的人往往是实现了自我实现需求的人。

我们内心深处都渴望自己在生活中不断进步，直到对自己所取得的成就感到满意，这就是自我实现。也许我们并没有意识到自己的这种需求，但这种对内心满足的渴求是真实存在的。如果不能满足这种需求，我们对自己的认知就会缺失，这同样是一种压力的来源。

心理学家卡尔·荣格发现，在他的患者中，最惧怕死亡的人往往是那些感觉自己从来没有真正生活过的人。而那些充分享受人生，得到内心满足的人在面对死亡时会平静得多。

### 习惯性地取悦别人

我们所处的世界由三种动态关系构成：人与自己的关系（self），人与他人的关系（others），人与社会的关系（society）——简称SOS。这三种关系都可能衍生出压力，但控制压力的关键在于人与自己的关系，因为我们只能控制人与自己的关系。我们无从掌控别人的想法、感受或行为，也不能完全决定自己能从社会中得到什么。但在备受保护的内心世界中，只要我们愿意客观地面对外部世界，愿意挖掘、利用自身独特的内心力量，我们就有掌控自我的空间。

人有社会属性，因此学会自我认知并非易事。在成为某个群

你真的会放松吗

体一员的同时，该如何保持自我？在与诸如家庭、社区和工作团队等群体密不可分的同时，如何摆脱群体的影响，保持自己的判断与决策？

据说孔子在年轻时试图取悦父母，后来取悦朋友，再后来取悦师长，直到最后，他才学会取悦自己。正是在懂得取悦自己之后，孔子发现了人的内心智慧，并对以后的中国文化产生了深远影响。

习惯性地取悦别人似乎是我们的通病，而这恰恰阻碍了我们取得成功。著名的印度教湿婆神（Shiva）和他的配偶帕尔瓦蒂（Parvation）的故事就印证了这一点。

有一天，帕尔瓦蒂问湿婆神，地球如此美妙神奇，人类本该尽情享受这天赐之所，但为什么很多人还是那么不快乐呢？湿婆神让帕尔瓦蒂跟随他一同来到地球一探究竟。

他们打扮成人的模样，跟在一对普通的老夫妇后面，从一个村庄走到另一个村庄。

起初，这对老夫妇中的丈夫骑着毛驴，妻子在地上走。走到一个村子时，村民们七嘴八舌，说这个丈夫太自私了，自己骑着毛驴而让可怜的妻子走路。于是等快到下一个村子时，丈夫跳下毛驴，让妻子骑上。这回村民们还是一样不满，他们说这个妻

第二部分
转化负面能量

子一点儿也不尊重自己的丈夫,男人辛劳一生,本就应该让他骑驴。于是,等快到下一个村子时,夫妇二人都骑上了驴。村民们看到这情形都吃惊不已,他们说这两个人太残忍了,那可怜的驴怎么能承受得了两个人的重量呢?于是等到下一个村子时,这两个人都从驴上下来了,一起步行。这时,村民们又开始嘲笑起这对老夫妇来,说这两个人太傻,有那么壮的驴却谁也不骑!

看到这一幕后,湿婆神对帕尔瓦蒂说:"你看见了吧,人总想取悦别人,这是不可能的。"取悦别人,给别人带来欢乐虽然是人性中美好的一部分,但如果在这个过程中丢失了自我,将得不偿失。

第五章

# 别以为
# 放松是件简单的事

　　压力并不是与生俱来的感觉。在网球和高尔夫球运动中，总会看到让人费解的现象：打球本应是休闲放松的活动，可有的人却因为娱乐放松而紧张不已。他们总是说"我要放松一下，打打网球……"，或者"我得休息休息，打打高尔夫球"。但一到球场，他们就像打了鸡血一样，非但没有放松，反倒比来之前还要亢奋和紧张。这就是本该放缓节奏，却将自己弄得蓄势待发。经常看到高尔夫球场上三五成群的好友结伴而来，他们头上阳光明媚，脚下绿茵连绵，这是多么美好的悠闲时光啊！可看看他们的面部表情吧——满脸的严肃、失望，甚至憎恨。难怪心脏骤停成了球场突发死亡的首要原因。

我们在高尔夫球或网球运动中受到的压力与运动本身并没有内在的联系。恰恰是我们赋予运动有关输赢、发挥水平等意义，才导致压力的产生。因此，要克服这种压力带来的危害，人们必须学会如何对运动的意义做出有意识的判断。

其实这样做并不容易。来自社会和朋友的一些看法，他们对这一运动所赋予的意义，总会在不知不觉中影响着你。因此你得不断地告诉自己："不，我今天来这不是为了证明自己的非凡本领和球技，我是为了……"

**松弛是一种精细的调整**

每天，我们的身体都在进行紧张与松弛的循环交替。一般来说，这种交替都是下意识的。一旦出现长期的恐惧、挫折或者情绪长期得不到释放，我们就会感到筋疲力尽，健康问题也随之出现了。

人体在应激过度时，就像一块干海绵，没有一点儿水分，却仍然受到挤压。人一旦承受不了这种挤压，也会像干海绵一样破碎。所以关键就在于要知道何时让自己的身体紧张起来，应对外部世界；何时放缓节奏、放松身心，做到张弛有度。这就是在有意识地做出选择。

如果我们没有在适当的时候放松身体，而是依靠一些有兴奋作用的食品或药物来维持身体的活力，那么我们只会更快地感到疲劳。松弛和紧张一样重要，也是人的一种需求。休息、放松、娱乐以及反思都是帮助我们释放压力的手段，对维持身体的平衡与健康至关重要。

想一想我们每天的生活是什么样的，各种各样的状况让人备感压力：

开车上班，遭遇堵车——有压力；

到了工作单位，发现自己无法掌控局面，工作得不到认可，任务繁重，时间有限——有压力；

回到家，处理辈分之间、亲戚之间、邻里之间的人际关系——有压力；

坐下来看新闻，看到的都是世界各地发生的各种恐怖事件——有压力；

甚至连上床睡觉能否很快入睡并睡得香这样简单的事都会让我们感觉有压力。

本来在经历一整天工作的紧张状态之后，我们的身体可以通过睡觉得到放松和修复，但因为紧张状态比放松状态更容易实现，所以很多人在进入这一放松状态时会遇到困难，失眠也成了现代社会十分普遍的问题之一。

我们身上发生的一些精细调整所需时间比普通调整的时间要长，就是说心理机能所需的调整时间更长，而情感反应的调整时间最长。美国社会缺少这种"松弛"文化，因此我们每天都在不断挑战自己的耐受底线。一辆400马力的汽车，一直开足马力跑个不停。终于有一天，车身承受不了这样持续的高速运转，挡泥板掉了，引擎盖裂了，玻璃也碎了。最后，整个车完全报废，成了一堆废铁，只有发动机还在转动。

我们的心就好比400马力的发动机，而我们的身体就是那脆弱不堪的汽车。每天我们就是这样对待自己的，不懂得放松，也不知道要找到适合自己的生活节奏。

## ●真实故事 / 为什么"健身迷"反而容易得病？

来自约翰·霍顿博士

我的一个患者开了一家健身房。有一天，他问我是否愿意帮他看看，为什么他那里的一些"健身迷"总是容易得病。我开始观察这些患者，发现他们连得了最普通的感冒和流感之后都不能自我康复。后来我发现，这与他们每天都要做几个小时的高强度有氧运动有关。对于为什么以这种方式做运动，他们的理由是运动让他们感觉舒服，不做运动，他们就会变得空虚、迷茫，不知所措。就像其中一个患者说的那样，"如果不做运动，我会感到很压抑。运动能帮助我减轻生活中的压力"。

其实，高强度的运动对这些人而言适得其反，使他们的身体没有喘息的机会，因此他们得病后很难康复。人体的免疫系统需要足够的空间和能量才能生成抗体，以对抗病毒的入侵。那些生病的健身迷们恰恰不肯给自己的身体经历这种自我免疫过程的机会。

我并没能帮到他们，因为他们始终认为人必须不断处于兴奋状态以应对生活的挑战，不相信放松也很重要，看不到自身的内在力量。对运动的热爱使他们忽视了自己身体发出的"要休息"的信号。总之，他们已经对自己在运动中产生的内啡肽上瘾了。

内啡肽是人体处于紧张状态时分泌的一种物质，这种物质能带给人轻松愉悦的感觉。从进化的角度来看，内啡肽有其存在的意义。在人类社会早期，我们的祖先生活在危机重重的丛林里，随时会受到猛兽的袭击。他们一旦受到伤害，体内释放的内啡肽就能帮助其减轻疼痛。正是因为内啡肽的镇痛作用，有时我们筋疲力尽或已经患病时也不会感到疼痛或不舒服。

第二部分
转化负面能量

● **医生日记 / 维持平衡**
爱德华·汉兹利克博士和约翰·霍顿博士

为了保持平衡,我们的身体会做出多大努力呢?人体需要氧气,我们的生活也需要平衡。如果人体处于缺氧状态,在短短几分钟内,脑神经细胞就会受到不可逆转的损害,甚至很快就会死亡。当我们进行剧烈运动时,体内的需氧量增加40—50倍,可我们吸入氧气的最大量只能提高12倍。这时,我们的身体里就会发生很多其他反应,确保即使在最大需氧量的状态下,也能满足人体用氧需要。比如呼吸频率迅速增加,将大量氧气输送至肺部;心脏输送的血液量增加,跳动频率加快。此时血压升高,氧气更容易进入毛细血管,人体组织也更容易从血液中获取氧气。此外,人体制造红细胞的能力也迅速提升,以便更快地输送氧气。所有这些显著变化都是人体在面对挑战时做出的剧烈反应。通过这种反应,我们的体内平衡最终得以维持,人体组织也得到源源不断的氧气供应。

如果因为内心或情绪问题,我们的体内平衡受到威胁,我们决不能袖手旁观,只依靠身体本身的力量恢复平衡。我们必须进行有意识地感知,做出选择,采取必要措施维护身体平衡。这样做得多了，这种有意识的选择就会变得自然，令人习以为常。内在游戏和它提供的工具能够帮助我们清楚地认识到这一点：无论生活带给我们什么样的挑战，我们都可以做出选择，也可以调用强大的内心力量，维护自身平衡。

### ●真实故事 / 压力让小伤口变成大病

来自约翰·霍顿博士

罗伊（Roy）是一位很有健康意识的中年公司主管。圣诞节期间，他来我这看病。只因刮胡子的时候不小心割伤了脸，结果造成了严重的感染。感染不断扩散，甚至威胁到大脑。我给他进行了抗菌素静脉输液。几天后，罗伊恢复得很好。但他还是不理解自己脸上割破一个小口，怎么会惹这么大的麻烦。

答案很简单。几个月以来，他一直在超负荷工作，而且工作得并不开心。他强迫自己完成并不认可的项目，也没有时间休息，因此他的身体早晚会罢工。这倒不是说工作一定会让罗伊的身体出现问题，那个让人不如意的工作环境导致的压力才是罪魁祸首。

## 第二部分
### 转化负面能量

加拿大生理心理学家汉斯·塞利（Hans Selye）写过一本书，叫"生活的压力"。他的理论在今天的医学研究领域仍发挥重要作用。塞利发现，人体通过增加交感神经系统的活动，来适应长期的压力。经过长期的调整适应，人体的代谢系统变得疲惫不堪，最终崩溃致病。塞利认为，体内失衡得不到恢复将会引发疾病，甚至是死亡。

举个简单的例子。假设你用两根手指轻抚自己的小臂，这样做似乎并不会有什么不舒服的感觉。可是如果你每天都这样抚摸，一个星期后会怎样呢？也许那时小臂上的皮肤会破损，最终会疼痛不堪。同样，长期的压力也会不断蔓延，最终消耗掉我们储备的所有能量，导致疾病的发生。

塞利也发现，即使人体已经处于筋疲力尽的边缘，人们还是能通过各种活动让交感神经处于兴奋状态，忽视身体发出的"休息"信息。这就像是对待一匹疲惫不堪的马，非但不让它休息，还要给它加鞭，让它跑得更快一样。人们还通过各种事物与疲倦斗争——咖啡、茶、含咖啡因的软饮料，香烟、酒精、高脂食物，等等。殊不知，这些"兴奋剂"只会让我们的身体变得更弱，导致更严重的不平衡。

## 四个R——休息、放松、娱乐、反思

很多人一直以"进攻模式"来生活。无论是在工作上，还是在日常生活中，总能看到各种威胁和敌人。其实我们是警惕过度了，陷入臆想的迷雾中。这种"进攻模式"不会让你走得长远和持久。

爱德华和约翰两人用四个R方法来帮助患者康复，取得了很大成功。这四个R分别是休息（rest），放松（relaxation），娱乐（recreation）和反思（reflection）。这四个R对人的生活和健康至关重要，可人们只有在身患重疾时才能体会到这一点。

生活总是忙忙碌碌，让人无法抗拒。每当被问及一周内有多少时间用在休息、放松、娱乐和反思上时，有些人就气不打一处来。因为他们已经记不清，也分辨不出这四个R和其他活动的界限。

有些人的回答很有意思。比如一个叫辛西娅的女子，在被问到通过什么方式来放松时，她说，"我看电视。"我又问，"你看什么节目呢？"她接着说起自己如何对新闻和脱口秀节目痴迷，比如有一则关于"三岁失踪女孩可能已遭谋杀"的连续报道，她每天晚上都要花2～3个小时来跟进各种细节。这使她的精神更加紧张，难于放松。

## 第二部分
转化负面能量

另一个叫约翰的朋友很喜欢和我谈起他在台湾工作期间发生的故事。在台湾，每天午饭后，所有人都停工休息。约翰很难适应这种习惯，因为他所熟悉的社会告诉他："如果你想睡一会儿，你就是无能的人。"但慢慢地，约翰发现了这个安静午休背后深藏的文化智慧。

在美国文化中，如果你建议每个人午饭后都小憩一下，大家会笑得把你赶出屋子的。我们都是超级实干家，最努力的员工吃饭都不离开工作台。我们就这样不停地工作。老板最想知道如何从员工工作的每一分钟里挤压出更多的生产力。在某些公司，员工们甚至一直工作到深夜，都争着抢着最后一个离开公司。

● 真实故事 / 每天半小时的奢侈

来自约翰·霍顿医生

苏珊（Susan）来我的诊所检查，因为她夜里有心悸的毛病。苏珊很年轻，看起来这个年纪不应该有心脏病。经过详细检查后，发现她确实有心脏病。我告诉她，过量的咖啡因或者压力过大都可能引起心悸。她承认最近她那本已十分忙碌的生活突然变得更忙了。她参加了社区里的志愿者活动，那里的工作并不如她之前想象的那样容易。

我的直觉告诉我，要想缓解苏珊的病症，处方里就不能缺少这四个R——休息、放松、娱乐和反思。于是我对她说，"我觉得你的问题很容易解决。"

苏珊眼睛一亮，迫不及待地看着我。我说，"如果你能每天抽出半个小时，静静地坐下来，做一些自己喜欢的事。很快，你的病就会好的。"

我把她留在检查室里，告诉她一会儿到我办公室里去。几分钟后，当我走进办公室时，发现苏珊正坐在那抽泣，这让我有些惊讶。我很担心，生怕刚才说的什么话无意中伤害了她。

她摇摇头，擦了擦眼泪。稍微平复一下情绪后，她告诉我说："我从没意识到这种症状会导致怎样糟糕的境况。"她说自己想象不出每天拿出半个小时来做自己喜欢的事该有多么奢侈。

因为没时间照顾自己而遭受压力和病痛的折磨，这样的患者我们见得太多了。当然，这些人最终要付出更多的时间来应对压力带来的后果。

## 体验享受的感觉是最好的减压方法

一说到减压，人们就会列举出各种缓解的办法——做运动、深呼吸等等。但所有这些外在技巧只有在内在游戏玩得好的时候才会发挥作用。我们假设有三个人用三种不同的方式运动。第一个人在健身房的跑步机上，边跑边看电视。第二个人清晨到海边慢跑。第三个人在傍晚散步，穿过田间小路，去看望朋友，和朋友喝茶聊天。

这三种运动方式，哪一种更健康呢？注意，这三个人在运动时所消耗的能量相同，锻炼的肌肉部位也是一样的。人们通常认为，既然所做的体育运动相同，那么产生的效果也应该差不多。这其实只看到了外部游戏。如果你能看得更远些，知道除了体育运动，还会有其他因素影响我们的健康，你就会发现那个在海边慢跑的人比单纯在健身房里跑步的人要受益得多，因为他在跑步的过程中，同时享受到了自然的美景；而那个走着去拜访朋友的人，不仅享受到了自然的美好，还体会到了与人交往的愉悦，这都是运动之外的收获。

一位律师曾参加过我们的压力研讨会。他说自己很忙，根本抽不出时间来运动。于是他雇了一个私人教练，买了一些健身器材，准备在家里锻炼。一天早上，他正在家里跟教练一起运动，不经意朝外面看了一眼。天气真好，他家的花匠正在园子里干活。突然，他似乎一下子明白了什么，"……为了运动，我花钱请健身教练，花钱买健身器材。而另一方面，我又花钱请花匠来打理园子里的农活。如果我自己也能做点儿农活，那可真是一箭三雕——不用再付钱给健身教练或者买健身器材；感受户外运动的乐趣；享受亲手改变花园面貌的快乐。"

**懂得欣赏自己的生活**

现在，你已经见识了压力会给身心造成怎样的伤害。从这些故事中，你可能也看到了自己的影子。我写这本书，并不是要让你与压力抗争，或者掌控压力。我们的最终目的是想让大家学会建立自身平衡。平衡就是不被压力绊倒，这是一种动态的存在模式。有了它，我们就能朝着自己的目标前进。长期压力就意味着平衡的缺失，而建立平衡就意味着自动减轻压力。幸运地是，面对压力导致的不平衡，人类天生就有选择平衡的能力。

建立平衡的第一步就是要切实认识到压力对你没有好处，而你也希望建立内心平衡。要建立这样的认识并不容易。我们生活的世界一直把压力看作工作以及与人交往的必然产物，因此我们对待压力的态度通常是忍受。如果能走出这一禁锢，就意味着你已经决定不再受压力的欺负。这个选择也是在珍爱和保护自己的生活，使我们即使身处危机重重的外部世界，也依然保持平衡。这是我们的内心选择，不管发生什么，我们都要始终欣赏、享受自己的生活。

## 第二部分
### 转化负面能量

　　建立内心平衡需要工具。有了这些工具，即使面临外界的变化与要求，即使我们行动、享受和学习的能力受到挑战，我们仍能直面真实的自己，活得坦然、完整。平衡不仅仅关系到生存、工作、家庭，它更是一种源于理解和智慧的内心力量。

第六章

ACT
觉知、选择、信任

　　每年春天，我的屋外都会上演这样一幕：麻雀在树上搭窝，在窝里生蛋，繁衍后代。小麻雀刚孵化出来的时候，比我的大拇指大不了多少。但总会有天敌突然飞来——八哥啊，大乌鸦啊，有时候还可能是老鹰——这些可怕的猎手们向麻雀窝俯冲过去，一口叼住这些束手无策的小麻雀。每每有这种事情发生，大麻雀们就变得狂躁不已，转圈地飞，喳喳乱叫。但它们也只能发发火、生生气而已，并不能奋力反击。捕食者们实在太强大了。

　　自然界就是这样的，弱肉强食，但有时我还是忍不住想对麻雀们说："你们就不能想个办法，好让来年春天不再发生这种事吗？"

显然，鸟和其他动物们似乎只能遵从本物种的一些固有行为模式。它们对于该做什么，不该做什么，似乎没有太多的选择。

作为人类，我们有自己特有的天分——意识，这是麻雀所没有的。有了意识，我们就不至于在事情发生时傻坐在那儿，任凭事态发展，最终把自己打倒。我们可以停下来反思，明确问题关键，看清面前的各种可能，制订计划，做出最佳选择。

意识对我们而言是与生俱来的，并不需要通过努力来获得。我们所要做的就是练习使用它而已。可是，当我们身处困境的时候，是否也总像那些无助的麻雀那样四处乱撞，而忘记使用意识的力量呢？

有时候，一些来自家人、朋友或者社会的传统思维方式会将我们牢牢束缚住。甚至对于是非、好坏这样的问题，我们都没有真正思考就做了定论，而这些定论往往会阻碍我们看清事物的本质。

下面就让我们来仔细分析一下觉知、选择、信任这三个原则。

## 觉知（Awareness）——让一切客观呈现

觉知是人类自我意识中最有力的武器之一，它就像一盏灯，让事物变得清晰可见。就其本质而言，觉知是非评判性的，它只是将生活中发生的一切客观地呈现出来，不加曲解地观察、感觉、聆听以及理解世界本身。

如果你要到某个地方去，首先你得清楚自己当前所在的位置，这样你才能确定下一步该怎么走。就好像我在教网球的时候，如果学生没能将球击中球拍中心位置，我一般不会一上来就让他分析到底什么原因。相反，我要求他不做任何改变，只注意自己的球击中了哪儿。这样，即使选手只关注球击中的位置，并没有做任何动作上的调整，下次击球时，也能将球朝着球拍中心击了。这是因为自我觉知会告诉"第二个自我"哪种感觉是对的，哪种声音是对的，怎么击球更合适。其实在这个过程中，"第二个自我"已经做了细微的调整了，只是这种调整做得十分自然，不易察觉。

将各种感知集中起来就是我们所说的注意力。注意力能让我们对自己在意的事情更加关注。不同的分配、使用自己的注意力的方式会带来完全不同的结果。在任何情况下，我们都会有难以计数的注意力分配方式，但不管怎么分配，最好先找出当前情境的主要变量。

所谓主要变量，就是不断变化的，同时对你的预期结果起决定性作用的变量。举个例子，假设我们在开车，那么在这种情况下，车速、车在路面上的位置以及与其他汽车的距离就是很明显的几个主要变量。如果把注意力只分配到这几个主要变量上，那么我们就可以朝着自己的目标，全速前进了。

并不是所有的主要变量都是外在的。有些特别需要关注的地方往往是我们的内心——我们的态度、期望、意图以及乐趣。事实上，从医学的角度来讲，影响压力的主要变量就是我们是否享受当前所做的事情，享受到什么程度。

关注主要变量会使我们在两方面受益：一个是它能让我们关注当下，提醒我们朝着自己的目标前进；另一个是，有了这种关注，我们的感知里就没有多余的空间留给"第一个自我"来进行评判——总是担心将来会发生什么，或者已经发生了什么——这样我们就可以看到事物的本质，不受是非对错、好坏与否及应该或不应该等问题的干扰。这就是让身心自由，迈向智慧的第一步。这其中的秘密就在于，如果你想做出改变，首先要关注事实本身。

菲尔是一家公司的总裁。据说他颇为严厉，对待下属总是有些不近人情。好像谁都知道他的这个问题，就他自己不知道。我觉得如果我直接跟菲尔谈他的一些做事方式，他很可能会为自己狡辩。于是我换了个办法，问他："你在和员工交代工作时，怎么能保证他们是真的在听呢？"

"哦，"他未加思索，脱口而出，"从他们的眼神、肢体语言，以及最终有没有遵照执行我的命令，我都能看得出来。"

"那好，从下周开始，"我说，"当你和员工交流时，我希望你能观察一下他们，特别要注意刚才你提到的这些方面，只是观察就好，不要做任何评判。然后在周末的时候告诉我。"菲尔接受了这个作业。

下周末再来的时候，他既惊讶又兴奋。"太神奇了，"他说道，"这周一开始的时候，我在和员工沟通时，眼神交流似乎并不多，而且他们很多人都抱着肩，我能明显感到他们对我的命令的抵触情绪。但是到了周末，我并没有改变，他们却变化很大。他们开始主动与我进行眼神交流，也在努力听取我的指示，而且他们现在工作效率也越来越高，工作成果也更好了。这到底是怎么回事呢？"

我回答道："这个问题就作为下周的作业留给你吧。但一定要注意和员工交流时的语气，只听，不做评判。"

结果是什么，你可能已经猜到了。菲尔发现自己说话的时候，语气上有了很大的变化，而且他与员工之间的关系越来越和谐了。在这个过程中，菲尔不但学会了在没有任何压力的状态下改变自己的行为，还见识了非评判性感知的力量。我想他的员工也会因此少遭受一些压力吧。

● 真实故事 / 要好好吃饭

来自约翰·霍顿博士

一个叫乔的年轻人来找我看病，他说自己胃疼，有时候还恶心。他觉得自己可能患上了溃疡，甚至是癌症，心中十分焦虑。我给他做了全面检查，却没有发现有什么不对的地方，所有的检验结果都正常。我让他去看胃肠专家，结果在专家做了更进一步检查后，依然没有发现任何问题。

其实我不太愿意和乔提到他所受的压力问题，因为对他而言，有压力就意味着软弱，不能胜任公司的工作。乔曾说过，他的父亲是个很严厉又很有雄心抱负的人，因此对他的期望很高。乔自己新婚不久，他的妻子也很想要个孩子。对于种种压力，他根本不会反思、转弯，只知道让自己在高压的环境下越跑越快。乔的家人想让他去梅奥门诊看看，那里有很多顶级的专家，也许他们会在乔的身上找到什么罕见的疾病，来解释他的病症。

我觉得乔的问题还是和压力有关，于是我问他能否在去梅奥看病之前，同我进行一项自我感知的练习。我让他在接下来的一周里，注意观察自己，尤其注意疼痛发生前他在做什么。在这个过程中，他只能观察，不做评判，然后看是否能发现什么问题。

乔同意了。

一周以后,乔回到我的办公室,春风满面地说:"霍顿博士,我的疼痛和恶心已经好了80%了。"

我很惊讶,"真不错,"我说道,"怎么回事呢?"

乔说,有一天下班回家,他疲惫不堪,进屋后就像往常那样盘腿坐在电视机前,面前放了一本要看的书,然后打开新闻频道。他妻子把晚饭递给他,他照样把盘子放在自己前面。当他一边吃饭,一边看电视,一边翻看面前的书时,他又开始感到那种熟悉的疼痛了。这一次,他开始注意到,此时的他正俯身90度,双腿交叉成麻花状吃东西、看书、看电视,三管齐下。乔什么也没说,起身把盘子端到餐桌旁,在妻子对面坐了下来。

几个月来,这是他第一次和妻子在晚餐期间愉快交谈。这样吃饭消化得也好,他的疼痛消失了。

我笑了:"早知道这样,我应该在你第一次来看病的时候就告诉你。"后来乔发现自己另外20%的病痛是因为午餐时间要见老板和其他经理,这让他很紧张。在意识到这个问题后,他的病彻底好了。他决定无论是会前还是会后,都要好好吃饭。

乔回忆说,当他告诉老板自己得了急性胃病时,老板问他吃没吃易于消化的婴儿食物,以减轻疼痛。他回答说没有,老板说:"那你还不算是个真正的经理人啊。"对有些人而言,因压力而患病是一种勇气勋章,表明他们愿意为某些事奉献或牺牲。

看到乔顺利通过家庭和事业的双重考验,身体健康,身心愉悦,我也很开心。最近一次见到乔,他正在做部门经理,手下有40个员工,此时公司正处于裁员状态,每个人的工作压力都很大。但他已经开始自己的新事业,而且很享受家庭生活。当我再次和他谈起他的压力症状时,他很坚定地说:"我现在没有任何压力了。"

## 选择(Choice)——明确自己最想要什么

对周围事物进行感知本身就是一种选择。我们可以闭上眼睛,像鸵鸟那样把头埋在沙堆里,回避眼前的事实。不做评判让我们有勇气直面恐惧,用恰当的办法来处理恐惧。摘掉带有偏见的评判眼镜,会让我们更清楚地看到事情的本来面目。当然,这并不是说现实就一定很美好,相反,现实可能会让人惊讶得难以接受。但我们恰恰从这样的惊讶中学得最多。

一旦我们意识到要做出选择,就开始了所谓的有意识选择。这种选择要求我们在有意识的状态下不断练习以提升自己的选择能力。

无意识选择是让事态自然发展,顺其自然。无意识选择让我们很难总结学习规律。事情好像都是自然发生的，分析不出什么可以借鉴的经验。因此我们总是不断重复相同的问题。而有意识选择则会增强我们内心的稳定性。

健康专家认为，个人才是自身疾病预防的关键。杜克大学商学院教授拉尔夫·L. 基尼（Ralph L. Keeney）曾做过一项研究，发现美国每年大约有100万起非正常死亡，都是因为个人选择的不同生活方式导致的。尽管人们普遍认为心脏病和癌症才是人类死亡的最大杀手，但实际上真正要责怪的还是我们自己在生活中所做的各种选择。诸如吸烟、不健康饮食等行为，恰恰是这些疾病的根源。同样，像滥用药物和危险驾驶等也大大增加了每年的死亡人数，而这些都是可以避免的。

我们缘何做出这些选择呢？

人类天生就有对优秀、和平和满足的渴望，这种渴望帮助我们做出生活的选择。这种渴望与"第一个自我"不同，"第一个自我"想要某件东西，是因为别人有这个，所以它也要有。而压力往往会扰乱这种区分，恐惧使我们将注意力都集中在外在危险上，从而忽视了内心深处微妙的渴求和感受。

举个例子，假设快到圣诞节了，你想给自己关心的人买礼物。对于该给谁买，买什么，你列了个清单，然后去买礼物，把礼物包装好，再邮递出去。对于大多数人来说，做这些事似乎太自然、太正常不过了，因此也压根没去想我们为什么要这么做。我经常听到有人抱怨说，一到节假日就被这些事情弄得很烦，我们离真正的"圣诞精神"越来越远了。可是，如果我们一开始在买礼物送礼物的时候，就能在心里想着为什么要这么做，那这个过程就会更有意义。时时记着所做事情的目的和意义，会让我们内心安宁很多。

知道并记住自己真正想要的，才能稳固我们与自己的关系。忽视自己的内心渴望以取悦别人，或者只选择方便选择的，只会削弱我们内心的稳定与安宁。

### 信任（Trust）——相信自己是本能

ACT 三角形的第三条边就是信任。

感知让我们知道自己身处何方，选择让我们清楚自己的目的。在这两者之间，存在紧张、压力是十分自然的。对自身能力——无论是内在能力还是外在能力——的信任，都是引导你取得理想结果的关键。

信任本身并不是美德。相信值得信任的才是美德。我们怎么才能知道什么是值得信任的呢？很多人会告诉我们要相信什么，但到最后，我们还得依靠自己的智慧来做出决定。

如果相信"第一个自我"，你就会像一条解不开的麻绳一样，越缠越乱。但如果相信"第二个自我"和它的内在力量，一切就会变得像施了魔法一样，迎刃而解。越是相信"第二个自我"，"第二个自我"就越值得信任。看看孩子们是如何相信自己，相信自己的学习、爱以及享受能力的吧。少了这种信任，他们就不会有任何意义上的成长和进步。

其实相信自己是我们的一种本能。我们相信自己的心脏会自然跳动，相信肺部会自然呼吸。如果每一次心跳或每一次呼吸我们都担心，那我们就只能一动不动了。好在我们都具备这种内在能力，相信自己的身体在健康的状态下不会有什么问题。也许这就是最让人难以理解的地方——我们相信自己能做得更多，并且能做得很好，而且从直觉上就知道自己是谁，自己要什么，如何做自己。

让我们再深入一步。你同样相信生活可以过得很好吗？当我们关注生活带来的"好"的时候，就会减少对"坏"的担忧，生活自然也变得轻松多了。

我曾经给马特做过咨询，他是一位商人，那时候他的事业岌岌可危。马特说："我过去压力再大也扛得住，但这次似乎完全找不到方向了。"他新开了一家公司，投了大笔的资金，可一直没有客户上门。马特很懊恼，挫败感和羞辱感让他喘不过气来，自信心也备受打击。他说:"我觉得自己是个失败者。"

马特想尽一切办法来解决公司当前的困境。我并没有行之有效的办法给他,也许他的生意会好起来,也许不会。但我觉得马特首先要做的事就是将他的自身价值与眼前的结果区分开来。他如果这么做,就面临两种选择。他可以选择将结果当作衡量自身价值的尺度,或者他也可以选择相信。相信什么呢?相信自己已经证明的能力——活着并活得有意义。努力加上对自身的信任,最有可能引导马特走向成功。恼怒、自我怀疑和困惑则只会阻碍他前进。道理就是这么简单。

## ●真实故事 / 相信自己的身体

来自约翰·霍顿博士

玛丽患有多发性硬化症。有一次她患上了病毒性感冒,恢复起来费了很大的劲。得病的时候,她正要去参加一个重要会议,感冒迟迟不好让她心烦意乱。她的家人也都得了感冒,但很快他们都好了,只有玛丽还在遭受病痛折磨。更糟的是,她的身体每况愈下。每次她硬撑着让自己好起来时,都会大汗淋漓。我告诉玛丽,得了多发性硬化症的人一旦患上其他疾病,恢复起来确实比其他人困难得多，而且她必须要多休息。听到这，玛丽表示想和我坦诚地谈一谈。

她告诉我，她很痛恨"闲坐着无所事事"。小时候，她看见妈妈总是那样静静坐着，而妈妈那时患有抑郁症。她由此认为抑郁症就是由于无所事事导致的。因此，尽管身患多发性硬化症，她仍然要求自己时刻保持精力异常充沛的状态。她不断给自己施压，坦言自己压根就不知道什么叫休息。

"你相信自己的身体吗？"我问，"你认为休息是一种消极的生活方式，但是你的身体恰恰告诉你，现在什么都不做，是帮助你恢复的最有效的办法。"

接受这种想法对玛丽来说是很大的突破。她一经接受自己需要休息的事实，身体很快就开始恢复了。在这个过程中，玛丽惊喜地发现，原来她是如此享受悠闲带来的快乐。对她而言，这几乎是一次心灵之旅了。总之，她学会了相信自己身体的智慧，战胜了对悠闲会导致抑郁的恐惧。

一旦我们相信自己具有克服压力的内在能力，这种信任就会成为我们内心平衡稳定的根基。

第七章

# 平衡树

　　平衡就是保持不摔倒的状态。掌控平衡与外部力量关系不大，主要取决于内心弹性有多大。试想劲风中的两棵树，一棵是长在沙滩上的椰子树，枝干柔软有弹性，可以随风摇摆，但却不会折断。即使遭遇罕见的暴风天气，这棵椰子树可能被完全吹倒在地，但当风停之后，它又会重新站立起来。另一棵树，是长在内陆的橡树，枝干笔直，不易弯曲，稍有大风吹过，就会折成两段。这两棵树会有怎样不同的命运呢？问题不在于风力的大小。树根的稳固与否以及枝干的柔韧程度才最终决定了二者的不同命运。我们人类在面临如强风般的变化时，也同样需要这种稳定性和柔韧性。

内在游戏的目标之一就是要建立这种基础平衡。让我们重温童话故事《三只小猪的故事》。在这个故事里,第一只小猪用稻草盖了一座房子,因为用草盖最简单。第二只小猪用木头盖了一座房子,这比稻草房子要结实一些。第三只小猪用砖头盖的房子。一天夜里,来了一只大灰狼。它毫不费力就把稻草房子推倒了,吃了第一只小猪。接着它又弄倒了木头房子,第二只小猪也遭殃了。当轮到砖房子时,它怎么也弄不开这房子,彻底没辙了。

这个故事告诉我们,在面临大灰狼这样的压力时,我们的关键问题不是我们做什么,而是如何选择,从而建立起强大的内心平衡。怎样才能在大灰狼就在门外时,我们仍能镇定自若,这才是保护自己的关键所在。

下面的练习会帮助你了解自己的平衡状态。

## ●你的平衡树

平衡树练习能了解自己的根基到底有多稳固,只有了解了这一点,才能对自己当前的平衡水平做出明确判断。如果生活中有新的变化发生,则应相应重新做此练习,做出新的判断。

## 第二部分
### 转化负面能量

1.用下图所画的树作为自己的平衡树。你也可以自己亲手画一棵树，但注意树干要在画纸的中间位置，且树的根须要粗细、深浅不一。

2.给每根根须都贴上标签，代表在生活中给你带来平衡的各个方面。为了帮助自己进一步确定不同根须代表的内容，你可以这样问自己："如果没有这个，我就会变得不那么平衡稳固了吗？"根须的粗细程度和扎根深浅代表此方面的重要性。做此练习时，一定要凭第一感觉，不需要进行分析。

3.在树的上方，画一些可能会影响或威胁到树的平衡稳定的因素，如雨、闪电、风等，并把这些因素也贴上标签，代表生活中影响你自身平衡的主要因素。除外部因素外，还可以加上内心因素。

4.对这棵平衡树的力量做一个整体评估。问问自己，多大的力量可以影响到你的平衡？能让这棵平衡树倒下的最小因素是什么？如果这个最小因素的力量要达到龙卷风的程度才会影响到你的平衡树，那么你的树还是很稳固的。但如果一点儿稍强的风就能把这棵树吹倒，那你就到了危险的边缘了，需要稳固自己的根须。

5.坐下来想一想自己那棵平衡树的根须。看自己是否能有所发现，有所顿悟。有时候，人们会发现，在自己所列的事物中，

你的平衡树

有的既是维持稳定的因素，也是导致压力的因素。例如，工作可能是我们维持自身平衡稳定的一个重要因素，有了工作，我们就能养家糊口，生命也因此而有意义。但就是这个工作，同样会给我们带来无穷的压力。实际上，我们总是担心是否会下岗，害怕因此失去稳定的生活。同样，如果你的平衡建立在身体健康的基础上，那么一旦你患了重病，这棵平衡树就会变得多么摇摆不定啊。家庭也可以给我们带来稳定感，但家庭同时也是一种压力源。亲人、工作和健康会让我们变得强大，这很正常。但同时，它们也给我们的平衡树带来了不稳定的因素，因为一旦它们出现任何问题，我们的根基就不牢固了。

审视自己平衡树根基的另一种方式就是考虑所有这些因素是内部的还是外部的。孩子终有一天会离开我们去独立生活，工作会发生变化，婚姻也会有变故，父母也有离去的时候。如果你依赖这些获取平衡，那你就会处于不断摇晃的状态中，随时有跌倒的可能。

在关于平衡树的专题讨论会上，一位学员说："如果我的树根还是这样细弱，我的树就要倒了。"另外一位学员在讨论会后说："我都不知道自己会有这么多的树根，一想到它们，即使再有压力，我都觉得自己很强大。"

## ● 真实故事 / 坚定的信念

来自爱德华·汉兹利克博士

1994年1月，加州北岭地区发生大地震，废墟中的受伤者随处可见。对他们而言，家园皆毁，他们生命中遭遇了重大变故。但让人惊讶的是，有些人很平静，对生命也是心怀感激——能活下来已经很开心了。他们努力让自己忙碌起来，寻找新的栖身之所。但也有一些人开始睡不着觉，不能正常呼吸，几乎到了崩溃的地步。

北岭地区的人都经历了这场地震，为什么有些人轻易就被打倒了，而有些人因为平衡之根扎得深，扎得牢而免受灾难带来的折磨呢？

### 关注内心力量

平衡树这个问题的关键在于，一定要将平衡扎根于稳固的因素上。就以呼吸为例，我们每个人都要呼吸，难道这不是我们取得平衡稳定的第一要素吗？呼吸是可靠的，就连我们读这段话的时候，也没有耽误自己呼吸，所以我们的平衡就要扎根在这样可

## 第二部分
### 转化负面能量

靠的事物上。

内心力量是客观存在的。也许你还没有意识到它们，但这并不意味着它们不存在。对于内心力量，我们还可以把它们看成人的硬件，我们的思维则是软件。硬件能维持整个机器的运转，软件却可以发生改变。

在前面的章节里，我们提到可以用以下三条标准来判定真正的内心力量：

1. 这些品质存在于孩子身上；

2. 看到别人身上有这些品质时，我们很羡慕；

3. 看到自己身上有这些品质时，我们很喜欢。

简单来说，如果我们看到孩子身上有这些特质，那么它们一定是自然存在的，因为孩子的软件部分——思维——发育得还不是很成熟，这些特质只可能是天生的。如果我们羡慕别人身上的这些特质，我们一定要相信自己身上也有，因为它们是人类硬件组成的一部分。如果我们喜欢自己身上拥有的这些力量，那么我们也要承认，自己喜欢的东西一定会让我们变得更强大。

## ● 找到你的内心力量

把你认为可以算作内心力量的特质和能力写下来，列一个清单。在确定的过程中，注意使用上文提到的三个标准来衡量、判断。列好清单后，可对比下文中参加我们研讨会的学员列出的清单。

- 明确感
- 愉悦
- 想象力
- 无畏
- 幽默
- 好奇心
- 直觉
- 智商
- 创造力
- 同情心
- 希望
- 共鸣
- 欣赏
- 承诺
- 勇气
- 善良
- 爱
- 率真
- 理解
- 热情
- 抉择
- 信任
- 谦恭
- 真诚
- 学问
- 敬畏

再来看看我们之前确定的平衡树之根，注意观察它们大多是内部因素还是外部因素。之前我们讨论过，外部因素构成的平衡树根可以转变成不稳定因素。只有将平衡建立在内心力量上，才能让自己不受限制，变得更加强大。

如果能拥有上述任何一种内心力量都会让人羡慕不已。其实我们本来就拥有这些特质，它们是与生俱来的，随时供我们使用。如果你的平衡树根之一是"希望"，那么在事情没有按照原本预想发展时，你仍然会很坚强，坚定信心。"幽默"有疗伤的作用，这在医学上也已经得到确认。"同情心"则会将仇恨化解，让人变得豁达大度起来。

内心力量是有着漂亮包装的各种珍贵礼物。要想尽享生活的乐趣，就要时常打开这些包装，看看里面有什么锦囊妙计。

● **真实故事 / 取悦自己**
来自约翰·霍顿博士

谢丽尔（Cheryl）被诊断出癌症。一年内，她需要做一次大手术，再做几个阶段的化疗。为了度过这个艰难的时刻，她和丈夫来到我这里进行咨询。我问她："到底有什么秘诀让你做得这么好？"她想了一下，天真地答道："我就是喜欢让自己高兴。"谢丽尔的丈夫笑着承认说，他甚至有点嫉妒自己的妻子，在这场重病的阴影下还能这么高兴。

谢丽尔的癌症痊愈了——至少医生已经检测不出癌症的威

胁了。几年之后，她的丈夫突然辞世，这对谢丽尔而言又是个打击。但对于这场危机，她仍然处理得很好，我真是佩服她内心力量的强大。

很巧的是，在我写这本书的时候，谢丽尔因为一点小问题又找到我。我问她是否依然乐此不疲地取悦自己，她坚定地回答道："当然。"那个时候她其实还在经受着丧夫之痛，但她已经为自己做好了打算，要和儿子一起在欧洲翻开人生的新篇章。她内心的镇定和对生活的明确判断让人惊讶。我问她生命的目的是什么，她说："生命的目的就是要享受生命。"但却有更多的人都在不断推迟这种享受。

谢丽尔用这种"乐于取悦自己"的想法救了她自己，在有生之年尽享天伦。在面临重大疾病和亲人离去的时刻，她依然能够让自己过得快乐，这种能力就是智慧的根基。

第八章

铸造自己的
抗压盾牌

为了保护自我平衡,我们可以铸造一个防御之盾。这种盾由不同的内心力量制成。你的盾由什么材料制成,由你自己说了算。我上一次做的防御之盾由三部分组成,我觉得这三种力量能最好地保护我,它们分别是希望、觉知和勇气。

除了盾,我还有盔甲,这种盔甲是用"理解"做成的;我的剑是"确信",锋利、明亮、轻便,能斩断一切困惑、怀疑或者愚蠢的想法。我通常会把这两样武器放在触手可及的地方,因为它们随时都会派上用场。

任何时候,我们都可以根据自己的感觉,随时改变保护自己的武器材料，以获得最佳防护效果。

最近，我与南加州大学的橄榄球总教练皮特·卡罗尔（Pete Carroll）录制了一场对话节目，他就是使用自我防御之盾来应对大学橄榄球比赛的高压环境的。皮特读过我的另一本书《身心合一的奇迹力量》（中文版由华夏出版社于2013年出版），他说自己指导橄榄球的基本原则就源于对内在游戏的理解。在我们对话的过程中，我发现皮特不仅把内在游戏运用于教练，在他个人生活的各个方面，内在游戏的力量也随处可见。

我问皮特如何应对橄榄球比赛中最为紧张的时刻，他不假思索地回答说，他最为看重并非常欢迎这种时刻的到来，因为正是在这种时刻，他和整个团队的内心力量才能发挥到最佳状态。在一场比赛中，每一次这样的时刻都令他十分期待。他在回答时流露出如此认真自信的神情，让我对他的话深信不疑。

皮特还谈到了有关平衡方面的内容。他和团队在制订各种应急计划的过程中，建立了强大的内心平衡。他说："所有的计划都是关于突发事件的。"如果他让团队把所有可能面临的突发事件都预演一遍，那么当真正有意外发生时，他就能说："这个我们经历过，现在知道该怎么做。"

皮特能够接受任何情况的出现，并把它视为机会，这种能力让我印象深刻。对于很多人来说,接受可能出现的意外事件就已经是挑战了,更不用说要为之做准备了。他们通常会选择否认眼前的事实,这就会使他们在面临突发事件时更加脆弱不堪。所以,准备可行的应急计划才是建立平衡的实用办法。

皮特说铸造自己的防御之盾是十分必要的,这能保护自己不受运动员、球迷和校方观点的干扰。他也听取他们的意见,但深知一定要自己做出判断。他是总教练,有权自由决定。

皮特·卡罗尔身上最突出的一点也许就是他对任何负面想法或怀疑的警惕性。他的座右铭是——"永远做赢家!"这对他而言绝不是简单的口号。无论是在语言上、思维上,还是在行动上,皮特丝毫没给"第一个自我"的恐惧和不确定性留下任何活动的空间。他在实践中建立起自己的防御之盾,并在每一次有关橄榄球的对话和训练中都使用这个盾。

皮特也有失败的时候,也会因此有挫败感,但很快,他又会重新振作起来,回到自己的平衡理念和实践中。事实上,他已经有了能够抵抗压力的盾牌。

其实我们也有下意识的心理防御机制,但这些机制通常是在我们年轻时,没有任何觉知的情况下形成的。很多时候,这些机制反而成了束缚我们的枷锁。建立自己的防御之盾是在创建一种有意识的、行之有效的防御机制。我们可以用这种机制让自己免受应激源的困扰。

**搁置旧习惯，养成新习惯**

要想建造防御之盾，就要改变自己很多下意识的习惯。不管喜欢与否，我们都在不断变化。变化的方式也有很多种，但有意识的变化才更有力。

大多数的习惯都有其最初形成的理由。也许这个理由对现在的你来说不再适用，但在当时是真实存在的。所以，在改变某种习惯之前，最好先弄清楚这个习惯是怎么养成的，有什么用，现在这一习惯对你是否仍然有用。

通常我会这样做：一旦我决定要做出某种改变，我都要给自己一些动力。这里的动力就是让自己向目标迈进的一些力量。有些人在讲述自己被恶习所困时，通常会抱怨说："太难了，就是改不掉啊！"真是这样吗？根深蒂固的习惯，可能确实很难改掉。这就像是在深沟里找出路一样难。其实除了改掉不良习惯，我们还有另外一条路可走，那就是搁置旧习惯，养成新习惯。换句话说，就是要关注你想做的，不去纠结你觉得不对的。这个办法很有效，与防御盾牌有异曲同工之效。这样你就不用考虑那些不对的，只做对的就可以了。

## 第二部分
转化负面能量

我是在教乔打网球的时候深刻领会到这一点的。乔是一家大公司的首席执行官。一开始他信誓旦旦地说，要改变自己在打反手球时的坏习惯。

"我觉得我在引拍时，球拍举得太高了。"还没等到球场，乔就开始这样说了，"我想打下旋球，可总是打不好。"

听他这么说，我很好奇，就问他："你怎么知道自己的球拍举得太高了？"

"嗯，我之前的12个教练都这么说来着。"他答道。什么？我简直不敢相信自己的耳朵。他请过12个教练了，我是第13个，看来这个活有点儿棘手了。

我让他就在我们所站的位置做一个挥拍，他照做了。的确，之前那12个教练说得没错。乔能精确地描述自己的问题。但我还是不明白："如果已经有12个人指出他的问题所在，而他还是改不过来，我要怎么做才能成功呢？"

当时我们正站在俱乐部的露台上，我边想这个问题边向餐厅望去。那有一幕厚的落地玻璃窗，在午后的阳光下，窗子像镜子一样反射出物象来。我对乔说："你能不能到窗子那边去再做一次挥拍动作？"

乔开始挥拍，并盯着窗子玻璃里的自己看。然后他又做了一次挥拍。第三次挥拍的时候,乔惊讶地说:"天啊,真是这样。我的球拍的确举得太高了。"

乔知道自己的问题,但实际上他从没有真正意识到这一点,直到今天亲眼看见自己打球的姿势。

来到网球场,我扔球给他。"现在先别急着改姿势,"我说,"只要用心注意就行,不要用眼睛来看,要去感觉,感觉大概有多高。"

他开始挥拍,并告诉我说:"好像举到头那么高了。"

"是的。"我答道。

"你是说我应该举到这么高吗?"他问。

"我是说刚才你确实举到头那么高了。别试图改变,接着感受就好了,然后告诉我你觉得有多高。"我说道。

我知道这种指导对乔来说有点怪。只是感觉而不做任何改动就能让事情变得更好吗?但他还是接受了这种指导,不断地挥拍击球并随时告诉我他球拍的高度。刚开始的时候,他的球拍总是举到头部位置,后来降到肩部位置,后来有几次击球的高度大概在胸部和腰部之间,然后又降到了腰部以下。很快,他每次击球时球拍都举得很低了,而且他开始用反手来打上旋球。

我问他:"你是在刻意降低球拍的高度吗?"

"没有,"他说,"球拍自己降的。"

显然，球拍不会自己降低位置。但乔没有刻意强迫自己降低球拍。他只是有意识地观察了球拍的位置。打球时的感觉和最终击球的效果才是最终让乔把拍子降低的原因。就这样，新的习惯就养成了。

乔觉得要改变一个习惯真是太容易了："这么多年来，我终于会打反手上旋球了！"他这样说道，"如果把这种指导方法用于我的公司中，肯定也会有意想不到的效果。"

这个故事告诉我们，对于习惯，无论是心理上的还是身体上的，每个人都可以在没有压力的状态下改变它。关键就是要有意识。这并不是说要意识到自己有某种习惯，而是要意识到这个习惯到底是怎么回事。这其实就是在观察和了解自己想要什么。如果一开始你就对自己说"这个习惯太不好了，我必须改掉它"，那么你就进入了"对抗—逃离"模式。抛开这种判断，你会惊讶于自己的真实所见，改变也会变得容易得多。

## ● 真实故事 / 黛比的抗压盾牌
来自爱德华·汉兹利克博士

黛比是一位深受压力困扰的患者。一场洪水之后,她无论如何也不愿再住进原来的房子里了。后来她住的宾馆突然发生火灾,她也随即搬了出来。这样的生活让她筋疲力尽,经济上也捉襟见肘。

这种压力对黛比的健康已经造成了很大影响。她失声了,这很可能是她在绝望的时候尖叫造成的。她再也不能大喊大叫了——窃窃私语她还能做到,如果再大一点儿声,她几乎就说不出话来了。专家也告诉黛比,她可能患上了喉炎,失声的状况要持续几个月时间。

听到黛比把自己的人生看成战斗,我问她:"你觉得自己能不能变成一名勇士,在战斗的硝烟中维持自己的平衡而不乱阵脚?"

黛比一脸疑惑。"那我是不是要把所有的感受都藏在心里?"她问。

"不是的,那样丝毫不起什么好作用,只会击垮你的身体。你要做的是将自己的各种感受转化为有意义的行动。"我答道。

接着，我问黛比不能说话有没有什么好处。然后我告诉她，"如果你想参加禅修活动，要付几百美金的费用，而活动中第一条规则就是不能说话。你现在是在免费进行禅修活动呢！"

听到我这么说，黛比笑了，也放松了许多。她一直觉得自己的命不好，但现在好像也开始学会换个角度看待自己的处境了。

我不想给她太多的同情和怜悯，我想给她一个挑战。于是，我问道："你有没有可能武装自己，不让这些生活中的压力击倒你？"其实我还是想问她能否在自己的战斗中成为一名勇士。一想到自己成为勇士的形象，黛比就笑。她说如果做勇士，她得给自己的盾牌注入更多的勇气、力量和明确性才行。她觉得自己应该做勇士。离开的时候她笑着说："至少我还有幽默感嘛。"

"把幽默感也加进你的防御盾牌里。"我建议道。

黛比在生活中经受了强烈的压力体验，似乎事事都有违她的意愿。这种压力体验给压力制造者提供了施展的机会，它总是想着最糟的结果——无家可归、贫困，甚至是死亡。当黛比开始铸造防御盾牌，保护自己免受应激源干扰，并开始运用内心力量（如幽默、毅力、信任等）时，她发现自己在生活的战斗中还是有一定平衡力的。

她的确是位勇士。在接下来的咨询中，黛比发现自己的状态在慢慢好转，身上的压力感也逐渐减轻了。

### 霍顿医生戒烟的故事

当时，霍顿医生读到一位心理分析师写的文章。文章说有些人吸烟是为了让自己从伤痛或者震惊的状态中解脱出来。霍顿医生发现这种说法对极了，他自己就是这样的例子。认识到这一点后，他决定要靠自己的力量来分析周围发生的一切，不再依赖香烟。就这样，他很快就戒烟了。

的确，我们一旦深刻理解了那些隐藏在旧习惯背后的原因，就会真正被新的习惯所吸引。这个过程简单而又短暂，只是有时候我们可能要投入一些时间，经过感知和反思才能获得结果。

### 学会说"不"，说到做到

诚然，生活中有很多事会让我们压力重重。这些压力总会不期而遇，而且通常来自与我们最为亲密的人。这些人会让我们高兴或不高兴；总对我们提出要求，而我们又不愿意接受。

要想摆脱这些压力源的困扰，就要有说"不"的能力，这也是我们防御之盾的组成部分之一。开车的时候，车上既有刹车又有油门，说"不"的能力就是刹车。

一家商店的一则提示语这样写道：

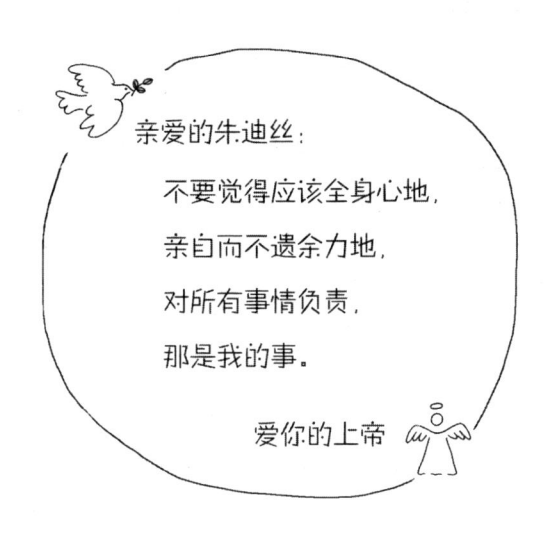

> 亲爱的朱迪丝：
> 
> 不要觉得应该全身心地，亲自而不遗余力地，对所有事情负责，那是我的事。
> 
> 爱你的上帝

学会说"不"也体现了对自身平衡和自我享受的价值肯定。如果你对所有找上门来的事都点头答应，那实际上是在慢慢地掏空自己，最终你会垮掉的。

面对各种要求，要有持续的创新能力，这是油门的工作，其中就包括制订应急计划，尊重生活中真正的当务之急等。显然，在生活中，保持平衡，让自己的车始终以最佳状态运转才是最重要的事。

假设你有一所房子，房前有一大片草坪。人们总是习惯穿过你的草坪，到对面的车站去，因为这样走路程最近。对于这种情形，你一直都是默许的。但突然有一天，你对自己说："这是我的草坪，我不想再让别人踩踏了。"于是你围着自己的院子搭起了篱笆，算是一种保护盾吧。

一开始，那些习惯走草坪的人很不高兴，因为你切断了他们的捷径。但不久之后，他们又找到了通往车站的新路，而你的草坪就这样安全了。其实你所做的一切就是在给自己铸造防御之盾。在日常生活中，你同样可以做到这些。

第九章

# 生活是你自己的

内心平衡必须建立在这样的事实上：你的生活是你自己的，你拥有生活的所有权。这种所有权是平衡和责任感的基础。你才是生活的决策者和最高统治者，对自己独一无二的人身和生活拥有权利并承担相应责任。如果你没有意识到这一点，就很难建立持久的平衡。

我的朋友莱斯利（Leslye）和她94岁的叔叔生活在一起。一天吃早饭的时候，莱斯利问："杰米叔叔，你过得开心吗？你年纪越来越大了，可能所剩时日也不多，我就想知道你过得怎么样。"

杰米叔叔停了下来，想了一会儿，然后认真地说道："不，我过得不开心。"

这个回答让莱斯利颇为吃惊。她没想到叔叔会这样回答。于是她接着说："为什么不开心呢？"

杰米的回答令人深思。"你也知道，我的一生都奉献给别人了，"他说道，"奉献给妻子、孩子、教会、工作……"

叔叔的话对莱斯利产生了很大影响。在那之后，她决心一定要过自己的生活。

那么，你怎么知道生活是不是由自己掌控呢？你有多少事是为了取悦别人而做的？我们就拿开车来打个比方。如果是你在开车，那么你的手会紧紧握住方向盘，想去哪就去哪。一只脚踩着油门，想要停车的时候，就踩一脚刹车。这是多么简单的事。但如果车的后座上还有其他人，而且他们有权决定车行进的方向，不断地喊："慢点……转弯……右转……左转"，这个时候，你就得决定自己是否该放弃这种掌控。

曾经有个熟人问我，他是否该找个女孩子约会。对这个问题，他一直拿不定主意。我觉得我给的答案势必会左右他的最终决定。于是我说："我想问你个问题。如果你在开车，你是想坐在前排,手握方向盘,还是坐在后排?"他说:"我愿坐后面。"

我没想到他会这样回答。我问他这样选择的原因,他说:"因为不管坐在前面还是后面,我都可能发生车祸。但如果我坐在后面,即使出了车祸,也不是我的错!"知道自己的话很荒唐,他笑着说了句谢谢就走了。

这个故事很有意思。也许你会不理解,但很多人的做事方式就像他一样。他们总是不愿意坐在自己车子的驾驶位置上,也总喜欢说:"我没做这样的决定,这不是我的错。"但如果涉及自己的人生,这个决定就很严肃。谁想在自己的墓碑上写"这不是我的错"呢?

选择掌控自己的人生,不做生活的受害者,这就是建立内心平衡最重要的因素。这种选择可能会反反复复,你要随时端正自己的态度。

### 你是自己生活的CEO吗?

假设你从一位有钱的前辈那继承了一家公司,自己突然就成了公司的 CEO 和唯一的所有者了,一切由你掌管。坐在总裁的位置上,你可以问任何问题,做任何决定。副总和顾问会给你不同的意见,你可以听取他们的意见,但公司绝不是发扬民主的地方，你才是唯一能做最终决定的人。

有了这种所有权做保障，你就开始像 CEO 一样思考了。唯一不同的就是对于公司的事情，你有权改变任何不喜欢的部分。作为公司的总裁，有一件事你要做出决定，即是否出售股份，出售对象是谁。如果你决定出售股份，那就是在放弃部分所有权，这在公司里是可行的。但如果你现在拥有的"公司"就是你自己，又会怎样呢？

首先，我们要明确自己的任务、价值、产品、策略和合伙人——就像做公司的 CEO 一样，这些都是建立平衡的基础材料。然后，我们就要考虑公司的股票问题。并不是说我们一定要把公司股份出售给他人，其实，股份卖得越多，我们独立做决定的余地就越少。因为有了股份，这些股东也有权参与最终的决定。有很多人就是把自己的股份卖得太多，最终成了自己生活的小股东。股份卖得越多，对自己生活的掌控力就越小，这样就更容易引发压力。

幸运的是，我们可以把卖掉的股份回购回来，只要你能确定这些股份现在在谁手里，以及当初这些股份卖了多少钱。一般来说，我们是为了获得爱、同意、尊敬或者安全，才卖掉了股份。那么当进行回购的时候，我们也有失去它们的风险。当然，如果两个或多个人都是主权实体，并能达成一定共识，如同意或拒绝某种请求，组成团队或者组成家庭，那么在这种情况下，并不一定要出售股份。主权实体可以达成协议，双方也都可以完整保留自己的主权。

所以，如果你已经卖掉了自己生活的股份，现在的问题就是，你是否愿意把它们买回来，即使要失去当时得到的东西。也许这就是平衡的代价。

## ●真实故事 / 我的生活我说了算
来自爱德华·汉兹利克博士

凯伦的乳腺上长了肿块，经过切片检查后发现肿块是恶性的。医生给她安排了手术，但她对自己的手术很有想法，并且态度很坚决。单从这一点上来说，凯伦就已经很了不起了。在大多数情况下，当患者们得知自己身患重病，危及生命，他们通常会感到自己渺小、无助。他们会说："医生，你们说怎么办就怎么办吧！"

但凯伦有自己的看法，并要求参与协商所有她觉得重要的手术相关事宜。而且她的做事方式让人很舒服，最终大家基本都被她说服了。

凯伦想要在手术之后，在特护病房给自己注射大剂量的维他命。这在医学界里闻所未闻，但凯伦就是想要这么做。我给她开了几样可以注射的维他命，她拿给自己的医生看，最终医生答应先替她保管这些维他命，因为凯伦实在太幽默了。

手术的时候我也在场，凯伦竟然给我列了一堆的职责——确保她有维他命用，确保手术时她耳机里播放的音乐是她想听的，等等诸如此类的事。手术过程中，一切都很顺利，维他命最终也用上了。

到化疗的时候，凯伦为了让自己更有力量，在衣服上下了一番功夫——一件红披肩，外加一顶十分引人注目的帽子。肿瘤医生也说不清到底是什么原因，但凯伦的这身装扮确实在帮助她慢慢接受并度过了这一治疗阶段。

凯伦对自己的身体和治疗过程有掌控权，积极行动，维护自身利益。这样，她成功地把一种艰难处境转化为自己能接受的处境了。

有多少次你去看医生，发现病情来得太突然，你根本没想过会有这样那样的情况。医生们是与疾病抗争的专业人员，有时候他们的态度和观点都是从医学角度出发的。有的医生会说"今天我接诊了一例很有意思的心脏病"，或者"我治愈了一例肺部感染"。他们一直在与"疾病"这个敌人做斗争，而且他们在斗争时全副武装——手术刀、各种医学检查、药物。

可对患者而言，该怎么参与到治疗过程中呢？很多患者希望医生能听取自己的意见，对治疗，他们也积极询问。可是最后得到的答复一般都是："你别管，一切交给我，什么时候完事我告诉你。"

大多数人都对"遵医嘱"深信不疑。我们通常会听患者说："医生说我需要做一个心脏手术。"然后就没有下文了，好像这一句话够了，不需要再多费口舌。医生就像是一位万能的神在发号施令，患者只有照做，别无选择。可是，如果此时你的生命正处于危险之中，你比任何时候都需要选择。

我的经历证明（医学研究上也有此证明），患者越是积极参与到自身治疗过程中，越有助于医生做决定，治疗的效果也越好。在这一点上，糖尿病就是个很好的例子。如果患者能够接受身患糖尿病的事实，并决定改善身体状况，那么他们就能很好地控制血糖，很多情况下可以减少甚至停止用药。

## 为自己的生活做主

要想"我的生活我做主"，就要做到真正的独立——独立思考，生活中不受牵绊，社交丰富又不迷失自己。描述这种生活可以有很多方式，但毫无疑问，对自己的生活，你得有自由决定的权利和能力。一旦缺乏独立，你就会觉得有些事是"不得不做"，而不是"我想这么做"或者"我选择这么做"。

　　幸运的是，我们可以选择。如果选择承担掌控自我生活的重任，你就要把已经发行的股票重新买回来，实现自己的目标，并享受这一过程。有人不理解，结了婚，有了孩子，或者有了合作伙伴后，怎么收回自己的股份呢？他们还能真正独立吗？从我的经验来看，即使建立这些关系，也依然可以自己做主。如果你想维系这些关系，就得选择解决彼此间的差异问题。这与出售股份后，被动做事的感觉不同。两个独立的所有人可以选择结婚，共同享受生活。但如果婚姻中有一方总是讨好自己的另一半，让其更多地接受自己，那他就是在不知不觉中，为了被接受而放弃自己参与决定的权利。这种妥协实际上削弱了两者之间的联系。

　　也许维持健康关系的关键就是要互相依赖——两个或者更多独立的个体为了一个共同的目标走到一起，而又不牺牲任何一方的个体完整性。

　　我们都知道在与朋友、爱人、孩子甚至是宠物的交往过程中，失去自我会带来挫败感和恐惧感。这种感觉会激活压力系统，而我们就会不自觉地生活在对抗—逃离—僵化这个无作为的反应链中。意识到这些反应，你就有可能了解自己在什么地方丢掉了独立自主。例如，注意观察自己是否会在工作场合，或者与家人朋友交往时感到有压力。如果有，就说明你在这些方面出售自己的股份了。

## 坐在CEO的位置上

坐在 CEO 的位置上，我总是很谦卑——我感激自己作为一个人而得到的一切：我的生活和所有与生俱来的能力；设定目标并为之奋斗的能力；感知的能力；知道自己想要什么，什么最珍贵，什么是当务之急。

从自己和他人的选择中，我能学到很多，并常常感到喜悦、满足和感恩，这都是 CEO 这个角色赋予我的能力。而且我也可以随时利用智慧和明确性做出适当的改变。如果失去了做 CEO 的感觉——把自己的职责让给他人他事——我也可以重新夺回这个位置，只要明确一点：我的生活我做主。

这并不是说不接受别人的意见或指导。恰恰相反，我们既要倾听，又要从中有所收获。对于有用之处，更要加以利用。但最终决策者一定要是自己。这才是 CEO 的职责——时刻保持清醒的意识，发现并使用这个角色赋予我的能力。

## 内在游戏工具箱

在下面的章节里,我们会给大家提供各种实用的内在游戏工具。这些工具会逐步引导我们建立并维护内心平衡,创建有效的防御盾牌,开发生命里与生俱来的智慧,最终让我们成为自己生活的 CEO。这些工具已被使用多年,简单易懂,十分有效。逐一做做这些练习,并尝试使用这些工具,你会发现自己所受的压力越来越小。

你真的会放松吗

# 第三部分

## 回归正能量的修炼

第十章

# 最有奇效的方法——
# 暂停

　　压力本身会产生一种冲力，这种冲力就好比台球桌上一个球击中另一个球后产生的力量。很多人面对压力时，就会变得像台球桌上的球一样，不由自主地做出反应，压根不清楚自己在做什么，有时甚至会做一些完全毁灭自我的事情，你问他们为什么这么做，他们就会找一些诸如今天在公司里过得糟透了，或者我刚和老婆打了一架这样的理由。这有多么糟糕啊，整天就等着被别的球击中，然后稀里糊涂地就被撞到哪个球袋里了。

　　为什么不坚定一点儿，就算被击中也稳如磐石呢？为什么不能只在想动的时候才动，而不让外界力量左右你呢？

怎么才能对付这害人不浅的冲力呢？最好的办法就是学会暂时停止。

## 暂停：一个简单而有效的方法

在过去的35年里，我指导过运动员、商业精英，也指导过其他各行各业的人群。在这个过程中，要说最有效的方法，还要数暂停这一个。

来自世界各地、各种公司，数以千计的老板都告诉我，没有这个方法，就压根没法清楚地知道自己在做什么。可以说，不会暂停法，其他的心理游戏方法也就无从玩儿转了。

在我们的压力研讨会上，最受欢迎的就是这个方法，它让每一个与会人员都很认同。

暂停法非常简单，暂停一下，拒绝无意识的冲力，而得以清楚地看清形势。这个方法主要包括四个部分：

**后退**：让自己置身于形势之外。

**思考**：想清楚现在到底发生了什么？是什么让你感觉压力如此之大？当务之急是什么？你有什么选择？又面对什么障碍？

**整理思路**：你的行动方案。

**昂首向前**：现在对一切了如指掌，你可以继续了。

让我们悉心解读一下这四个概念。

## 后退

当你选择后退时，使自己在精神和情感上都暂时置身局外，就像竞技场上拳击手先退出场外，避开对手的攻击。当你置身局外时，很多当局者迷的事情就会变得清晰了，这样你就可以使用不同的应对方法，也有了更大的选择空间。

乔治是一家世界五百强公司的老总，刚来研讨会听说暂停法的时候很抵制。他觉得暂停就是耽误时间，而他的时间是耽误不起的。我跟他讲，暂停法或许只要选择暂停几秒钟，或者选择暂时不采取行动，一切都会因此有所改观。

乔治答应试一试。一周之后，当他再次出现在研讨会上时，则是一副踌躇满志的模样了。乔治给我们讲了他的经历。

有一天他的秘书告诉他有一个上级打来电话找他，听到这个他立马感觉压力很大，于是就暂停了一下，想搞明白为什么自己会突然压力这么大。这时他想到了，这个上级每回找他都是因为遇上了麻烦，要他协助解决。想到这里，乔治就做了一个与以往不同的决定，他让秘书告诉那位上级现在他没有时间，今天一天都没有时间。他的秘书非常惊讶，但依旧照做了。这样做让乔治感到有一点儿内疚，不过他还是觉得松了一口气，甚至还在办公室里小小庆祝了一下，因为这个早晨他可以全心对付自己手头的事了。快到周末时，那个上级又打电话过来，这次乔治就感觉轻松多了。电话里，上级告诉他那个麻烦自己已经通过其他方式搞定了。

乔治使用了一个后退战术，这样就给自己留出了一定的空间。更具战术性的后退可能意味着你要放下眼前的工作，好好想想你设定的目标是什么。就算只是暂停一小会儿，你都可以有时间看清最终的目标，轻松化解迎面而来的压力。

### 思考

后退之后我们就有了思考的时间。集中精力思考一下：现在到底是什么让我觉得害怕、崩溃或者痛苦？为什么我这么做？我到底想要完成什么？目前的主要障碍是什么？我现在具备什么内心力量或者外在资源？我有什么选择空间？

人类大脑的伟大之处就在于总有一块地方是让我们静下心来思考而最终找到出路的，我们把这块地方称为思考区。有人在思考的时候喜欢坐在某把特定的椅子上，有人喜欢去咖啡厅享用一杯咖啡，而有人还会想象着自己坐着直升飞机，飞离让他深感困扰的局面。因为人们常说，当局者迷，旁观者清。只要你能有办法将自己暂时置身局外，你就可以运用理性思维看清局面。

珍妮弗给我讲述了她所面对的压力，每年她都必须和前夫通电话，讨论关于税款的问题，而这种电话每次都让她如临大敌。每一次谈话都会升温，一吵起来她就不知道该说什么了。我们向她介绍了暂停法。

没过多久，一年一度的对话又开始了。当她发现自己压力很大的时候，就暂时把电话放在一边，快速一条条写下她要说的内容。再拿起电话时，她据理力争，毫不退缩。前夫有点儿被吓到了，也提高声音，想在气势上压倒她。珍妮弗这次坚持住了，她清楚表明了自己的观点，态度坚决。挂了电话后，她对自己满意极了，因为在这场争吵中，她第一次看清了形势，没有被压力弄慌了神。

## 找到适合你思考的空间

找一个可以让你暂时远离压力的地方，这样可以静下心来思考。这个地方可以是办公室，可以是客厅，也可以是卧室，就连卫生间也是可以的。

重新考虑之前你想到的充满压力的状况，可以采用下面的问题来帮助自己集中精力。一定要记住，思考不仅仅意味着逻辑推理，而且还包括你的感受、直觉和观察到的一切，这些都能让我们更好地看清现状。

目前正在发生什么事？

这个局面让我感觉如何？

当务之急是什么？

我的行为和思维能帮我应对当务之急吗？

是什么让我无法向既定目标前进？

我现在想怎么做？

还可以怎么做？

我有什么内心力量，又有什么外在资源？

怎么才能让我轻松面对目前的局面？

就算只问自己这里面的几个问题，你也可以豁然开朗，不会再采取盲目的行动，而会更加清楚地看清现状。

**整理思路**

面对压力，我们会冒出很多念头，它们有时不符合逻辑，有时断断续续。这时，我们就需要把这些想法整理一下，才能决定下一步应该怎么做。比如说你去做一个常规体检，医生说你长了个可疑的肿瘤，需要马上做切片检查。怎么办？你是不是立刻感到非常恐慌，开始冒汗，感到特别无助，害怕要是不听医生的话出事怎么办？这个时候，一定不要盲目行事，可以暂停一下，看看是否还有别的选择。你可以再找个医生看看，当然检查结果可能一样，也可能不一样，这并不是重点。重点是有了两个选择，你就可以不那么恐慌，而感觉自己是可以控制局面的，这样你才能静下心思考，才能看明白各种可能，也才能够做出更加明智的决定。

**昂首向前**

看清楚局面后，你就可以采取行动，或者决定不采取任何行动。就算之后你发现其实当初你可以有更明智的选择，你仍然可以在这个过程中取得进步，更好地了解自己，并为以后积累经验。

一旦你看清局面就必须要采取行动了，光想不做是没有用的。不采取行动你就什么也完成不了，什么也学不到。所以，该问自己的问题都问完了，你就可以重新开始一天的工作了。

暂停法的目的就是让我们更加精神抖擞地开始，更加清楚每一天的工作。有些经理会担心，感觉让员工们学会暂停法就是让他们找借口偷懒，员工很快就没有干劲了。其实正好相反，如果人们总是被动地去做不得不做的事情，而不是主动采取行动来改变环境，那就会总是犯错，而一个错误就会浪费好多时间。所以把一切先想清楚会花一点儿时间，但绝对是值得的，因为这样会节约更多的时间。当人们学会去停止，去规划，去掌控环境时，工作效率自然就提高了。

### 暂停可长可短

我们需要停止的时间有长有短，关键得看你要做出的决定有多么重要。有时需要一个小时或者一天，有时需要更长一点儿时间，比如一周甚至是一个月。要知道，有些时候确实需要更长的停止时间，我们才能把一切想清楚，做出最明智的选择。比如，考虑做出重要的职业转变，接受一个与你很亲近的人病了或者过世了，你打算正式谈场恋爱或者打算结婚了，你在想生活的意义到底是什么，又或者所承受的压力有点儿让你不堪重负了。

其实，在你读这本书的时候，你就已经暂停了，希望这次暂停能对你的人生产生积极而深远的影响。

## 关键时刻学会暂停

有时候暂停法就像一个避风港，能让我们面对压力时保护自我；有时我们又可以主动地使用暂停法，以此来达到内心的平静，从压力中解脱出来。本书所建议的所有心理调节方法都要求先使用暂停法，这样才能有宝贵的时间思考。思考一下，列出一天中暂停法可以奏效的三种情形，然后制订计划看如何继续。

·在每天开始和结束时暂停一下，给自己一点儿思考和规划的时间；

·每当你感觉情况失控，自己的反应有点儿茫然时，暂停一下；

·每一场会议开始前暂停一下，考虑一下会议的目标和有可能出现的障碍；

·在学校接孩子前暂停一下，想象一下接下来的时间里两人怎样一起度过才更有意义；

·和朋友共进晚餐前暂停一下，思考一下其间的谈话怎样进行。

一旦用惯了这个暂停法，你就会觉得自己好像总是不断地使用这个方法，也会发现你处理问题的方法和以前迥然不同了。要小心，常常在最需要使用暂停法的时候，你却把这个方法忘到九霄云外去了。因为当压力特别大的时候，你可能一头就栽进去了，全然忘记还要保持头脑清醒，还要做什么明智选择或决定了。这个时候才是我们最需要暂停、最需要反思的时候。压力不可怕，可怕的是面对压力的时候我们过于盲目和被动。只要一切稔熟于心，最终就会有峰回路转的时刻。

第十一章

## 令人愉快的方法——
## 坐在总裁的椅子上

之前我们就提过做自己生活的掌控者,实际上掌控自己的生活就是"我的地盘我做主!"。我们看到,人们特别喜欢这个方法,有的还自己虚拟了一个董事会。

一个中年商人讲过一个故事。这个商人是一个大公司的经理,他说他在开会前留出了1小时的时间,专门用来和自己脑海中虚拟的副经理开会。他说:"我发现了一件事,我的公司好像有点儿太民主了,别人说什么我就听什么,对谁的话我都很关注。意识到这一点,我决定要强势一点儿了,我说,'不,这样不可以。'但是这个过程有点儿困难,没过半小时我就感觉有点儿困了。就在这时,我那掌管'批评'的副经理跳了出来,说,'你还要做自己的掌控者呢?你什么都搞不定!你简直糟透了!'我说,'闭嘴!我要小睡一会儿!'于是我就睡了15分钟,醒来时我已容光焕发了。就这样我总结了近来的工作状况,然后结束了会议。这个经历有趣极了,因为我发现开董事会的时候我居然能停下来小睡一会儿。"

每次和大家一起使用这个方法后,每个人都会愉快地离开,他们喜欢这种掌控一切的感觉,掌控自己的生活不再是一件令人头疼的事情了。

## 学会掌控自己的生活

希望你能扮演自己生活的掌控者,不管你的"公司"要完成什么任务,你都是唯一的决策者。你要做的第一步就是要假想开一个董事会,董事和员工都要参加,会上要谈什么你说了算。千万不要把位子让给别人,比如掌控人缘的副经理,掌控健康的副经理,或者掌控成功的副经理。你可以听他们的意见,但只有你才可以做出最终的决定。

### 1. 你的使命是什么？

你是谁？生命中的首要任务是什么？也可以这样问：什么能使你的"公司"越来越成功？

### 2. 你主要生产什么产品，提供什么服务？

你的"公司"经营什么？你做哪一行？这个问题的答案可能会随着时间的流逝而改变，但重点在于你必须要先做出决定。所以现在就好好想想，到底你这个"公司"的首要工作是什么？

### 3. 你的原则是什么？价值观又是什么？

同样的，关于这个问题你也需要做出决定。作为自己生活的掌控者，你必须要反思一下一直以来你的价值观是什么，你坚持的原则又是什么？如果需要的话，你要自己决定是否改变现在的原则和价值观。这样做会不会很难？不会的，因为无论是有意识还是无意识，你都是那个确定自己价值观的人，也必须为自己确定的价值观负责。

当然，这样做你心里的那些副经理们可能又开始质疑了，说："你看你搞得自己好像能决定对错一样，不是只有上帝才有这个权力吗？"但是，你选择的是哪一个上帝？哪一种哲学？哪一套原则？哪一个党派？哪一种信仰？要把这一切想清楚可能并不容易，但如果你是一个公司的总裁，你就要搞明白这些事情。你不觉得至少你的生活和一个公司一样重要么？可能在还年轻的时候，你就接受了某些价值观，但却从没有认真地思考过它们。

4. 什么是当务之急？

"公司"目前最重要的目标是什么？主要精力应该放在哪一块？我们很容易只关注当时觉得重要的事情，而忽略了作为一个人最基本的需求，尤其是自我实现的需求。然而，如果这些需求你都不关注的话，所有其他的事情做了也没什么意义了。

5. "公司"的内部及外部资源都有什么？

每一个"公司"都有自己的资源。考虑一下你已经具备的内部资源有什么，你对这些资源有多依赖，哪些资源你没有充分重视？为了更好地发展，你应该怎样利用这些资源？

你有什么可以信赖的外部资源？能从这些外部资源得到的好处你都得到了吗？

6. 谁拥有你"公司"的股份？

列出一个名单，写清楚有谁是你公司的股东，也就是说谁拥有你公司的股份，谁在你做决定时有发言权。这是非常值得关注的，要想明白是不是你的伴侣、父母、子女或老板拥有了绝大部分股份？有时候占有股份的不一定是人，可能是某种活动、某种概念，甚至是某种嗜好。

7. 你为什么出售你的股份？

这些股份让你交换到了什么？你卖这些股份是为了得到支

你真的会放松吗

持，得到金钱，得到爱，还是单纯为了得到快乐？又或者你是不是因为酗酒或类似的事情出售股票，换来的仅仅是一种安慰感？这也是一个选择问题。比如说，你可能对你掌管人缘的副经理说你需要生活中多一点儿爱，那个副经理就说："行啊，汤姆说什么你就做什么，汤姆让你怎么做你就怎么做，这样你就能得到爱了。"这时你要说："换种方法吧！"

### 8. 什么时候能回收股份？

想想看有没有哪个领域的股份你卖出太多了，现在你需要一步步把这些股份回收过来。比如，为了获得支持，你觉得自己在和朋友相处时太没有立场了，这时候你就需要放弃一部分你想得到的支持，以买回那些股份。也就是说，想买回股份，你必须要付出一定的代价。如果给别人股票是为了让别人喜欢自己，这时你就要说："我要收回我的股票，你喜不喜欢我随你便！"这其实也不意味着别人就一定会因此而不喜欢你，只是说为了收回股份，你承担了别人可能不再喜欢你的可能性。当然，有的时候也不一定需要跟那些股东明说你要收回股份，因为有些人根本没有意识到自己持有那些股份。只要告诉自己你要收回股份就行了，这样你自然会在行为举止上有变化的。

你要像一个公司总裁一样英明，要常常开个会之类的。开会不过就是让你自己坐在总裁的椅子上，时时提醒自己你就是生活的掌控者。

● 真实故事 / 我的生活我做主

来自约翰·霍顿博士

我的患者梅勒妮（Melanie）好像有1/5的时间都在生病。别人感个冒一周就好了，她三周才慢慢康复；受伤之后愈合起来也特别慢。梅勒妮这个人其实特别在意健康，吃得很好，也经常锻炼，所以当时的健康状况让她很头疼，她就是想不明白自己为什么这么容易生病！

我邀请她参加压力控制研讨会。几个月后，在一家咖啡店我又遇上了她。当时梅勒妮和她的一些朋友在一起，看到我就开心地叫我过去，对我说："霍顿医生，你的压力研讨会可算是救了我了。"

我听了很高兴，可是看她一下子就那么认同，就问她："为什么啊？"她大声回答说："我离婚了！"我紧张地笑了："别这么大声好吧？这样谁还会参加我的研讨会啊！"

但是梅勒妮接下来的解释让我释然，她说那个研讨会让她大开眼界。她突然意识到，原来她一直以来都竭尽全力想好好相处的人，从来就没有尊重过她。他的态度就是："按我的方法做，否则就滚蛋！"

离婚之后梅勒妮很少来我们这里了。学会掌控自己的生活后，她的身体状况也慢慢好起来。她的前夫对此很不满，来找我说："霍顿医生，你和我太太谈谈吧，她真是疯了，居然觉得离开我的保护她自己能活得更好！"可是对于现在的梅勒妮来说，按照自己的想法生活再正常不过了，她已经学会了自己的生活自己做主。

学会掌控自己的生活，我们就会在生活中更自由，更有责任心。当然，不是人人都愿意承认自己目前没什么自由，也没什么责任感，但是一旦认清现状，我们将受益匪浅。因为如果自己都觉得自己作为一个个体不够独立的话，是很难和别人建立健康的关系的，很难成为强大团队中的一员。

掌控自己的生活对于每一个人来说都至关重要，只有独立，我们才能抵挡各种压力带来的纷扰；只有独立，我们才能拥有健康的体魄，拥有宁静的心灵。

第十二章

让你豁然开朗的
三个问题

在最近的一次研讨会上,会中休息后,乔不见了。组里的一个女士去找他,回来后说,"乔说一个电话把他给困住了。"天啊,整个上午我们都在讨论怎样成为自己生活的掌控者,现在他却连打个电话都控制不了。因为我知道感觉被困住是最糟糕的压力状态之一,必须要给他提个建议,让他想办法摆脱困住他的种种因素。

在生活中,你是不是也常常感觉被困住?被工作困住,被感情困住,被责任困住,被一堆莫名其妙、各种名头的会员卡困住,又或者是完全被生活困住?当你无法确定什么东西把你控制住了，什么东西你控制不了时，压力随之产生！

在一天的生活中，有一些事情确实无法掌控，但这些事恰恰是导致压力的罪魁祸首，譬如说：

- 交通堵塞咱管不了，可是我们会因此上班迟到；
- 老板的心情咱管不了，可是他情绪不高咱就得遭殃；
- 经济发展咱管不了，可是经济不景气咱的腰包就鼓不起来；
- 阴天下雨咱管不了，可是周末出行可能就会因此泡汤。

很多我们想控制的事情总是和人与人之间的交往有着千丝万缕的联系。比如你家里有个十几岁的孩子，你就明白为什么我说学会控制是个大问题了。这个年龄的孩子总想显得成熟，想让别人觉得自己独一无二，而大人们又总想让他平平安安地长大，别出现什么问题。所以，最常见的结果就是，大人越想管，孩子就越叛逆。像这样我们难以掌控的事情还有很多：

- 孩子的态度；
- 他们做事情的动机；
- 他们喜欢的和他们厌恶的；
- 对你的观点够不够尊重；
- 是否能认真聆听你的说教。

如果留意一下你花在难以掌控的事情上的精力有多大，你一定会吓一跳的，这种状况常常让我们愤怒得直想撞墙。当我们困在拥堵的车辆中时，我们是不是就算明知纯属徒劳，也会常常摁着喇叭不放，鸣笛不止呢？

## 三个问题助你学会控制

按照下面的顺序问自己三个问题，我们就能轻松地将自己从失控的状态中解救出来：

1. 什么是我控制不了的？
2. 我想要控制什么？
3. 有什么是我可以控制的？

来看下面的例子。

我的一个朋友是股票交易商，碰上了2008年的市场大萧条。钱没了，相信他能挣钱的客户也没了。他说有时他会在计算机面前一动不动地坐几个小时，脑子里总是晃动着股票市场的起起伏伏。他平常也睡不好觉，老想着最坏的结果，觉得必须得把赔进去的钱赚回来。他的压力非常大，我向他提出了三个问题。

1. 什么是我控制不了的?

· 市场的波动我控制不了。

· 全球经济萧条我控制不了。

· 已经赔进去的钱我控制不了。

· 客户是否认可我的能力我控制不了。

· 总是对自己自我否认我控制不了。

· 对目前的状况的感受我控制不了。

2. 我想要控制什么?

· 静下心来思考到底什么时候该买什么时候该卖。

· 不要总想未来会多么糟糕。

· 做好自己,让客户对我重建信心。

3. 有什么是我可以控制的?

· 已经这样了,我可以随遇而安。

· 不要总坐在计算机前,可以适当休息一下。

· 可以请一个礼拜的假,然后以全新的姿态重新投入到工作中去。

· 可以用冥想的办法来改善睡眠,使自己不那么焦虑。

· 可以不让市场左右自己的状态和自己对自己的看法。

· 可以停止自己的负面情绪。

第三部分
回归正能量的修炼

·可以在这个动荡不安的市场状况下为自己制定一个相对可行的奋斗目标。

·覆水难收，事已至此，要停止抱怨和后悔。

·一旦放松下来，我的创造力一定可以让我想出办法来应对现状。

回答完上面的问题，这位朋友很高兴地发现，有这么多东西是他可以控制的，而这种可控性显然改善了他的精神状态。毕竟，糟糕的精神状态要远比糟糕的市场局面更折磨人。这些可控的东西可以让他重建信心，能够以最佳状态来面对现状。

回答完前两个问题后，大部分人都会感觉无望，感觉自己在面对困难的时候是如此地渺小，如此地脆弱。然而，如果我们认真地回答完前两个问题，最后一个问题就能给我们一个反省的机会，让我们发现我们之前意识不到的可能就在眼前，这些可能性使得"控制"这个词重新具备了现实意义。

通常人们会逐渐意识到不可控的东西就是他们能力范围之外的，而可以控制却没控制的东西是他们能力范围内的。当然，如果你主动地去应对一个充满压力的状况，最后的结果一定会比你被动接受这样的状况好得多。

你真的会放松吗

## ● 使用压力控制的三个问题

选择任何一个让你感觉很有压力的状况，然后问问自己上面提到的3个问题。

**这种状况下什么是我不能控制的？**

列出你想到的一切，包括别人的态度和行为。

**现在我想要去控制什么？**

列出你现在努力想去控制的一切，就算有些和上个问题的答案一样也没关系。

**哪些是我可以控制却没控制的？**

列出你可以控制，但之前没有考虑到的东西。常常，这些东西会突如其来，让我们豁然开朗。有些甚至是一些内在的因素，一些我们从来没想到自己可以控制的因素。

这些压力控制问题能让我们看问题看得更清晰，从而想到更多的选择。当我们更多关注的是我们可以控制什么，而不是我们控制不了什么的时候，一切就不一样了。你甚至会渐渐地发现一些原本你认为无法掌控的因素也在慢慢改变了。

## 第三部分
### 回归正能量的修炼

在研讨会上，我们引用了爱比克泰德（Epictetus）的一段振奋人心的演讲。

爱比克泰德出生于公元55年，起先是一个奴隶，最终却成了罗马最杰出的哲学家之一。这段话出自爱比克泰德《生活的艺术》一书最新版本里的第一章，不仅淋漓尽致地展现了生活中控制管理这个问题的重要性，而且展现了简单智慧在生命各个阶段的独特魅力。

"快乐与自由始于清楚了解一个原则：有些事情在我们的控制之内，有些则否。唯有在勇敢面对这基本原则且学会分辨能否控制之间的差别之后，内心的宁静与外在行动的有效性才变得有可能。

在我们控制之内的是个人的意见、抱负、欲望以及我们的喜好。这些领域正是我们所要关注的，因为它们直接受我们的影响。我们永远都可以选择生命内在的内容与性质。

在我们控制之外的事物，如：我们的相貌、名声，我们在社会上的地位，我们是否生于富裕的家庭或能否平步青云一朝致富，等等。我们必须记住这些都是外在的，因此不是我们关切之所在。尝试去控制或去改变我们不能控制的事物只会自讨苦吃。"

第十三章

## 最能带给人希望的方法——
## 改变态度

每个人都有自己的生活态度，这种态度是持续不断的，包括一系列固定的想法和概念。这些想法和概念影响着我们的感受、情绪、反应和行为。

我们对所做的事情有自己的态度：我能做得了吗？我想做吗？这件事麻烦吗？对于发生在我们身上的事情我们也有自己的态度。事实上，早上一起床，我们就有了今天的态度——或许是预想今天一切都很顺，又或许是预估今天肯定诸事不顺。

我们对自己也有不同的态度，不是对我们做的事情或者发生在我们身上的事情的态度，而是对我们本身的态度。

态度影响着我们日常生活中的一切，很多人认为态度只做好坏之分，但是如果你是你生活的掌控者，那么不同的态度就可以创建不同的人生。

比如，你的生活中充满压力，你特别想控制你的想法和感受，这时你会采取什么态度？

我们以在强气流中飞行的飞机为例。遇到强气流后，乘客头顶的行李柜常常自己弹开，各种各样的行李（想法和感受）撒得遍地都是。你想把它们放回行李柜，但是放进一个又会掉出来更多。这种混乱的局面你应付不了，因为飞机的"态度"本身就错了——要么在迅速上冲，要么在迅速下冲。要想重新控制住飞机的"态度"，我们就要先意识到飞机目前飞行的方向，然后再平衡它的"态度"。

如果你已经意识到自己的态度并觉得这种态度不对，那该怎么办呢？首先，发现并关注自己的态度已经是一大进步了，一旦对态度有了意识，改变起来就不难了。

我们曾做过一个小练习，名为"试试新的生活态度"。这个练习的方法很简单：一个人描述一种承受压力的状况，并估测一下人们在这种状况下最有可能呈现的态度，之后其他人提出他们认为可行的态度。这个人只认真听，不要进行任何评判，同时试试所有的态度，从心里感受一下每一种态度带来的不同效果，然后选出感觉最好的那一种。

一位名叫弗雷德的男士参与了这个练习。弗雷德非常有能力，是一个杂志社的编辑，但目前正处于失业状态。失业之后，他联系了所有他认识的人，可是没有一个人能帮他找到一份工作。他开始担心自己的经济状况，甚至想到某一天或许他会流落街头，无家可归。这种情况以前也发生过，每次他都能顺利渡过难关，但问题是现在他已经年纪大了，对自己不再那么有信心了。当我问及他的态度时，他说："无尽的恐慌和悲惨压得我喘不过气来。"

我让参加研讨会的其他人帮他想想看有没有什么新的态度可以尝试。很多人提出了不同的态度，弗雷德就像在商场里试衣服一样，尝试每一种新态度，体验不同的感受。这样做的目的不是为了找到正确的态度，而是要找到让人感觉良好的那种态度。

有一个人提出了一种态度，也就是太阳照着每一个人，要充分相信一切都会好起来的。可是弗雷德办不到，他说这种态度绝不适合他。于是其他人又提出了一些弗雷德感觉可以接受的态度，譬如：这刚好是找到新财路的好机会；我需要跨出这个圈子才能改变现状；以前从事杂志编辑的时候认识了很多有创造力的天才们，现在刚好可以求助他们来面对眼前的挑战。

很快弗雷德就有了一种让他感觉不错的新态度：刚好这是一

个机会，或许我会碰到一些新的境遇。我可以跨出目前的困境，用我的创造力来发现新的谋生方式。

弗雷德顿时感到人生充满了希望，并且非常感谢这次研讨会认识的朋友们。后来我又遇到了他，他非常放松，并告诉我他已经找到了一份新工作。

参加这次研讨会的还有一个名叫谢莉（Sherry）的女士，这位女士向我们讲述了她与她儿子之间的战争。

谢莉说，她儿子的一个关键问题就是荷尔蒙失调，他成了一个大胃王，吃得越多，体形就越差，生活中遇到的问题也就越多。

谢莉承认她常常会发火，她认为自己很清楚什么对自己的儿子是好的，可他就是不合作。我们认为谢莉可以试试下面的这些态度：

可以为儿子感到遗憾。……不，她不喜欢这种态度。

可以试着去教育儿子。……不，这一条她已经试过了，没什么效果。

可以放低姿态来和儿子平等对话。……这一条不错，儿子已经不是她可以发号施令的小孩子了，他是一个独立的个体。

可以换个角度来看儿子。……不要老看外表，要多看看他的内心世界。这条她觉得也不错。

谢莉承认她确实过分关注儿子的外表了，以至于没有把他看作一个成熟的个体来理解，来欣赏。

### 或许一首诗就能改变态度

爱德华给我们讲过一个非常感人也非常有意义的故事，这个故事是关于他10岁大的孙子奥斯丁（Austin）的。

有一天，奥斯丁去参加童子军的活动，回来的时候特别沮丧。他说："我没有朋友，我永远也交不到朋友！"爱德华想搞清楚到底发生了什么。原来奥斯丁说他最好的朋友有事瞒着他，而且每个人都在取笑他。奥斯丁伤心地哭了，他觉得没有人喜欢他。

爱德华想让这个可怜的孩子换个角度看问题，结果他却越来越恼火，越来越不开心。

后来爱德华问奥斯丁是否还记得吉卜林（Kipling）写的那首名为《如果》的诗。奥斯丁从来没有听说过这首诗，所以爱德华让他上网查查看。上网？奥斯丁终于笑了，因为妈妈规定这个时段他是不可以上网的。爱德华觉得为了给奥斯丁上一课，这次违反规定是值得的。

## 第三部分
回归正能量的修炼

奥斯丁找到了那首诗，然后他们一起，一行一行地读了起来。

如果周围的人毫无理性地向你发难，

你仍能镇定自若稳如泰山；

如果众人对你心存猜忌，

你仍能充满自信并宽容他们的猜忌情有可原；

如果你肯耐心等待不急不躁，

遭人诽谤却不以牙还牙，

遭人憎恨也不还以白眼……

那么，你的胸怀就会如天地般博大，

并拥有了属于自己的空间。

更重要的是：

孩子，你成为了真正顶天立地的男子汉！

读着这首诗，爱德华感觉到自己孙子的状态已经完全改变了。奥斯丁打印出了这首诗，说："我想在需要的时候随时能看到这首诗。"他原本想把打印出来的诗贴在床上面的天花板上，可惜字太小了，所以他就把诗贴在了床旁边的墙上，接下来的这一天他都过得十分开心。

看了爱德华和他孙子的故事,你是不是也觉得从绝望的态度转换到接受现状、勇于挑战的态度是很简单很自然的一件事呢?

## ●改变自己的生活态度

选择生活中的一个场景,在这种场景里你常常备感压力,内心很不平静。这种场景可能和另外一个人相关,或和一份工作相关,又或是和你特别害怕做的一件事相关。说清楚你感受到的压力。

坦白地反省你目前的态度,你可能需要先考虑一下,挖掘一下,但是一旦你发现了自己的态度,就赶快记录下来。

现在,开始你的内心世界之旅。在心里想想各种不同的生活态度并一一尝试。比如,如果你最典型的态度是憎恨,那么换一种感恩的心态来面对一切会怎样呢?不停地尝试各种态度,直到找到最适合你、让你感觉最好的那一种。要记住,恐惧、沮丧、痛苦,这些都是导致压力的罪魁祸首。如果你能采用让你感觉良好的态度,那你就会远离压力,远离伴随压力而出现的对抗—逃避—僵化的心态。

第三部分
回归正能量的修炼

● 真实故事 / 崭新的态度
来自爱德华·汉兹利克博士

保罗经历过两次胸痛,每次都很严重,需要到医院就诊。他担心是不是身体出了什么大问题,但检查结果却表明一切正常,胸痛并不是由心脏方面的问题导致的。我问保罗:"你是怎么看待这种痛的?"他说应该不是身体上的问题。我告诉他,从他的描述上来看,这应该就是一种身体上的痛。很多患者总搞不懂压力是会对身体产生影响的,压力决不仅仅是精神上的问题。

我让保罗讲讲他都有什么压力,他一上来就说他恨他的工作。原本他是教戏剧的老师,做起工作来轻车熟路,也充满激情。可是后来由于学校财政缩减,他就教不成戏剧了,开始教电子琴,还要在一间没有制图设备的教室里教制图。除此之外,他还得负责午餐时段和两节自习课。所有这一切都极其枯燥,令他又痛苦又无聊。保罗说:"什么我也控制不了,我控制不了校长的想法,控制不了种种规章制度,更控制不了越来越瘪的钱包。"

我问他:"有没有什么是你可以控制却没有控制的呢?"虽然他不想承认,但是他想到的第一点就是他的态度。我们谈了态度问题,并且带他一起做了改变态度的练习。我列出了所有他可以尝试的态度，而他感觉不错的态度是：任何事情都有发生的原因，我总是能够从中获益的。一开始他实在想不到这种状况能带来什么好处，但渐渐地就变得开朗起来了，感觉这种生活态度非常不错。

我又问："那关于痛的问题，你能不能找到一种新的态度来面对这种痛呢？"他起先不明白怎么找新的态度，但后来意识到，可以将这种痛视为一种提醒，比如说把它看作压力状况的晴雨表，他很喜欢这种面对痛的态度。

保罗回家了，他有很多要思考的问题，也有很多改变态度的方法要尝试。三周之后新学年就要开始了，我鼓励他在这之前要确定新的生活态度。他意识到原来不是一切都没有希望，对于压力他也不是无能为力，这一认识让他大大松了一口气。

在接下来的学习中，保罗所承受的压力大大减少，他改变了自己的态度，学会了关注那些他可以控制的因素，而且发现现在的工作从某个角度上来看还是蛮有意思的。同时，别人对他的要求也越来越少，这让他充满了感恩。

我们常常发现自己在做并不想做的事情，保罗的例子就是一个典型。我们常常不明白，压力越大，情况就越糟；而在态度上的一个简单改变就会让一切变得非常不同。对于保罗来说，一个原本难以忍受、让他严重胸痛的局面却变成了可以接受甚至大有好处的事情。虽然问题不会一夜之间就消失得无影无踪,但是保罗相信他能够应对一切。

当人们找到适合自己的人生态度,就会惊讶地发现保持这种态度是多么自然而然。虽然有的时候也会不自觉地回到原来的生活状态中,但一旦意识到这点,就可以马上改变。这是自我保护的一个重要手段,能让我们看清楚压力的来源,并且远离压力。

对于我个人而言,改变态度的练习是非常有用的,让我时时记得我的态度我做主,也让我的人生变得非常不同——能看清楚自己的态度是第一步,也是最重要的一步。一旦看清楚自己的态度,并意识到需要改变态度,那么改变本身就没那么困难了。

## 第十四章

# 最安静的方法——
# 倾听心声

当我清晨起床时,或者当我感觉需要获得智慧的时候,我都会做一种叫作"神奇之笔"的小练习。这个练习非常简单,只需要一支笔、一张纸和一个安静的小角落就可以了。我常常把这个练习叫作:"第二个自我"的心声。

● **拿起你的神奇之笔**

1. 随便选择一个难以应付的状况。这个状况可能与某个人

## 第三部分
### 回归正能量的修炼

相关,也可能与某个场景相关,可以是件大事,也可以是生活琐事。任何一件需要用一点儿小智慧(而非"第一个自我"的评论、干扰)来解决的事情都可以。比如说,你的孩子今年上五年级了,放学回家的时候手里拿着一张分数是D的数学试卷。

2. 快速写下在这种状况下一般来说你会说的话,也就是你在心里自言自语的话,把你所有的想法全部写出来。比如说:我就知道这孩子自己在做作业的时候压根就没做;我必须好好教育一下他,否则这孩子就完蛋了;这孩子太任性,太随心所欲了;我得让他清楚到底谁说了算;如果这次就这么算了,以后他还不更得寸进尺了?

3. 一旦"第一个自我"跑出来捣乱,你就要停下笔来,想着给自己的笔添一些神奇的力量,一些你内在的力量。我通常会选择明确、同情和坦率来增加自己的力量,你可以根据自己的情况随意选择。现在,你的笔蘸满了这些力量,你什么也不要想,随意写出一切想写的内容。不要去思考,就一直不停地写,用你的笔所拥有的力量来写,不要试图去评判写得到底对不对。比如说,如果你让你的笔拥有了宁静、耐心、力量,能更好地站在对方的立场上看问题,那么你就有可能这样写:我也知道做个孩子其实挺不容易;生活中真的有很多好玩的事,比学习好玩多了;想看电视不想学习也不是什么罪大恶极的事;我可以帮他创建一

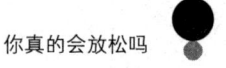

个好的环境，让他能学习的时候认真学，玩的时候痛快玩。

这是一个非常实用的练习，能让我们更好地使用内心的力量。我们平常的想法和说法与我们借助内心力量后的想法、说法大不相同，而这个练习刚好可以让我们清楚地观察到这种不同。当然，当你对比来看纸上记录下的内容时，你会发现有些平常的想法你很喜欢，有些富有内心力量的想法你不喜欢。这完全没有关系，这些想法都没有对错之分，只要圈出任何你感觉不错、感觉有道理的想法就可以了。显然，这个练习与其说是方法，不如说是学习的艺术。

有一次我让一群会计来做这个练习，他们来自全球各个地方。写完之后，我想让这几个人来分享一下他们"第二个自我"的心声。第一个站起来的人来自东欧，一上来就说他很抱歉他的语言不那么优美，结果，读起来就像一首诗一样优美、流畅、抑扬顿挫，让很多在座的搞财经的人都很佩服，竟有人被感动得潸然泪下——未经删减自然而然的心声是如此地有力量、如此直达人们的心扉。

第三部分
回归正能量的修炼

● **真实故事 / 自我愈合**

来自约翰·霍顿博士

前段时间，我遇到了一个叫琼（Joan）的女士。她三十岁出头，脖子上长了个肿块，检查结果表明这是一种霍奇金氏病，是可以治愈的。后来琼摘除了肿瘤，然后开始进行长时间的化疗。她经常来找我，但我没有把自己当作帮病人看病的医生，而是把自己看作一个教练，领着她一起学会聆听"第二个自我"的心声。

当琼的病情得到确诊时，她完全处于一种筋疲力尽的状态。以前在工作中，任何人对她提出什么要求，她都不会拒绝。现在她开始意识到需要多照顾照顾自己，而不是总照顾别人了。

有了这种意识后，生活就悄悄地开始有了变化。当我让她也做做神奇之笔的练习时，她这样写道：肿瘤没什么可怕的，它让我没法像以前一样生活、工作，我感到害怕和愤怒是很正常的；但是这些愤怒和害怕的情绪说明不了什么，只能验证我是多么在意我的生活。以前总没有时间好好照顾自己，现在有了。我可以好好玩一玩，放松一下，也可以让家人帮帮我，在这个时候他们是非常乐意伸出援助之手的。这次生病总会过去的，而这种经历

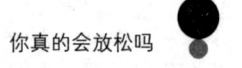

注定会让我受益匪浅。

我非常确定,正是由于琼这种自我愈合的人生态度,她才这么快就康复了。有很多医学研究都表明,对于那些不是致命的疾病,态度才是最关键的因素。

第十五章

## 最重要的能力——
## 穿上对方的鞋

!

坦白地说，大部分导致压力产生的因素都牵扯到其他人，所以如果我们能站到别人的立场上看问题，那解决起问题来就轻松多了。每个人看待问题都有自己的角度，这和一个人的想法、感受及目的相关。但是作为人类，我们要清楚别人看问题未必和我们的角度一样，所以我们得努力去理解他们的感受。转换视角来看问题是人类最重要的能力之一，它的效果非常强大。这种能力不仅让我们感觉良好，而且还能让我们学会以各种方式来和别人打交道。

## ● 用别人的视角看事情

站在别人的角度回答三个问题，这三个问题恰恰包含了人类最基本的三大方面：想法、感受和目的。想象一下自己站在对方的角度上，用第一人称来问自己三个问题：

· 我在想什么？
· 我感觉怎样？
· 我想要什么？

这些问题能让我们从别人的视角来看问题，让我们获得一种认同感。而且，这样做我们还能发现种种不同的与对方交流的方式。就算你无法完全认同对方的感受，你也可以从中了解他为什么会这么想。就像美国的一句老话——除非你穿着别人的鞋子走了一英里，否则千万不要评判他们。

记得有一次，我和一个名叫德里克（Derek）的软件公司销售经理聊天，那时候他正感到非常崩溃，因为他的老板又挑剔又咄咄逼人。我就问他老板为什么会有这样的管理方式，他耸耸肩，不以为然地说："他就这么坏呗！"

这种对老板的评价无论正确与否，都毫无意义，既不能让德里克工作得更好，也不能让他走出目前的状况。所以我让德里克暂且站在老板的角度想一想。我说："现在你就是老板，坐在桌前，让你的销售经理德里克进来开个会，这时候你在想什么？"

德里克想了一会，说："我在想去年销售额下降了20个点，我们必须得让销售额升上去。"

我说："好，现在你感觉怎样？"

"我感觉压力很大，害怕保不住自己的工作。"

"那开这个会你想让德里克怎么做？"

德里克略有所思地说："我猜我想让德里克帮我走出困境，我自己一个人做不到。"

做这个练习对德里克的影响是巨大而深远的，他开始以不同的角度来审视自己，不再把自己看作老板发脾气的对象，而是一个对老板和公司都至关重要的人物。

对于家庭关系，视角转换方法也是特别有用的。因为家庭中虽然充满了对彼此的爱，但也常常会有愤怒和承受压力的状况产生。要想有效地使用这个方法，有一点是至关重要的，那就是不要试图去管理别人，要真诚地去尝试理解别人。

很久之前有一段时间，我的姐姐和她16岁的女儿之间的矛盾很大，主要是因为在夏天我姐姐要求女儿必须在晚上10点钟之前回家，而女儿却希望能在外面待到晚上11点，因为那时她正在热恋中。我的姐姐希望我能提一点儿建议，她觉得自己作为一个妈妈这一次决不能让步，因为夏天的晚上是很容易出事的，但是她又不想和女儿的关系一直这么糟糕。

我让她试着站在女儿的角度上想一想，结果她是这么说的："我觉得我的妈妈太不信任我了，我完全能控制得了局面。她要是不相信我，我就坚决不让步。

"我感到很受伤，也很抵触，我觉得我完全信得过我自己。

"我想证明给我妈妈，也证明给我自己看，我是让她信得过的，在外面待到晚上11点我也不会惹出任何事情的。"

然后我又和我的外甥女谈了谈，发现我姐姐转换视角后的想法是完全正确的！

我又让我的外甥女站在妈妈的角度思考一下，她是这么说的："我觉得作为一个妈妈，我有责任让女儿晚上不要在外面待得那么晚。

"我觉得我像她那么大的时候可不会这么晚还不回家。

"我觉得我在那个年纪的时候常常会惹出麻烦。

"我爱我的女儿，我不希望她会出事。

"我怕她太自信了，这样很容易有麻烦。

"我想做一个好妈妈，能保护得了自己的女儿。"

结果怎样呢？双方最后还是坚持自己的立场。我外甥女一次又一次地要求改变晚归的时间，我姐姐却怎么也不肯。但是她们谈话的方式可是大不相同了。家里不再有争吵，有的只是两个充分尊重对方观点的女性开诚布公地谈话。战争终于结束了。

## ●换个角度看自己

我们也可以换个角度来看自己，以更好地了解自己在想什么，感觉怎样，或者有什么样的目的。该怎么做呢？我们可以尽可能从全局的角度来审视自己，而不是总局限在狭隘的自我中。现在我们可以用第三人称来问问自己这三个问题：

· 他/她正在想什么？

· 他/她现在感觉怎样？

· 他/她到底想要什么？

其实我们很难超越自我，从一个更客观的角度来看自己。这个小练习可以帮我们做到这一点。

### ● 转换视角看别人

列出三个你觉得不好相处的人，经常站在他们的角度来体会一下他们的感受，这样你的人际关系会越来越好。

让自己站在对方的立场上，然后问自己这三个视角转换的问题：我现在在想什么？我现在感觉如何？我想要得到什么？

这样的话你是不是对这个人有了新的感受，并且知道如何更好地与他相处。如果还不行的话，那就用另外一个角度再试试看。记住，人们看问题的时间和状态不同，他们的观点也会随之不同的。

虽然这些练习非常简单，但要想做好，需要我们谦虚一点儿，勇敢一点儿。导致压力的一个原因就是我们还没有认真观察就说自己了解别人。其实，如果我们经常进行角色转换，这将成为一件自然而然的事情。

第十六章

## 脑筋急转弯——
## 重新定义你的压力概念

如果你想获得内心的平静,如果你想有坚定的立场,什么样的风雨都不能将你动摇,那么定义更新练习就必不可少。

为什么这么说呢,因为每个人都有一套定义体系,并以此来审视自己,审视其他人,审视各种各样的活动和我们生活中的大小事情。这些定义不仅左右着我们看问题的方式,也使我们对问题做出的反应过于呆板和单一。最典型的情况是有些人的定义是代代相传下来的,无意中就决定了他们看待世界的方式。对这些定义,我们有时是有意识的,但更多的时候是无意识的。我们进行定义更新的练习就是要使这些关键定义变成我们有意识的概念，从而能够让我们摒弃那些已经不合时宜的定义，让我们根据实际情况进行选择。

看看下面这个关于无意识定义的小故事，我们就明白要去做什么了。

有一对夫妇遇到了一点儿小麻烦。每次感恩节的时候，太太总要将火鸡的鸡腿剁下来再烤。丈夫就感觉很奇怪：为什么就不能像其他人一样，把整个火鸡一起烤呢？太太很抵触地说："我妈妈告诉我就该这样做！"这个回答让丈夫还是很困惑，于是有一年他终于忍不住了，打电话问自己的岳母到底是怎么回事。岳母说："对啊，我们就是这么做的。"因为岳母的妈妈做饭做得相当不错，她就是这样教大家做火鸡的。丈夫还是不甘心，又给岳母的妈妈打电话。老人家已经83岁了，她的回答让大家大吃一惊："是啊，当年我年轻的时候，我们要把火鸡的腿先剁下来，然后再放到烤箱里，因为那时候烤箱太小了啊，实在放不下一整只火鸡。"

是的，你可能经常会发现，你一直遵守的一些原则，可能已经时过境迁，不再合时宜了，而这些原则却一直被保留下来，不曾改变过。

## ●定义更新小练习

当你使用定义更新小练习来实现内心平静时，要按照以下的步骤进行：

1. 想明白目前拥有的定义或概念（比如在把火鸡放入烤箱之前一定要把鸡腿剁掉）。

2. 搞明白这些概念一开始到底是怎么形成的（上面那个例子中，我们发现是代代相传下来的）。

3. 问问自己，这个定义现在还合时宜吗？（我现在的烤箱已经很大了，我想要个完整的火鸡，这样看起来更漂亮。）

4. 如果这个定义现在已经不合时宜了，那么更新一下你的定义，从而能更好地适应目前的状况和环境（烤一整只火鸡也不是不可以的）。

5. 在现实生活中，开始采用更新过的定义。

我们在面对压力的时候，常常想改变，想逃避，又或者很孤立，不知该如何处理。这时候，定义更新练习也能够帮助我们更加关注那些我们可以控制的因素。

有一个女学员在对"自私"这个词的定义更新时突然说道：

"按照我以往的定义来看，就连呼吸都是一件自私的事。"听后每一个人都笑了，但是这样想也是一种重要的看问题的角度。如果呼吸也称得上是自私的话，那么自私有的时候也不是什么坏事了。换句话说，只要我们做的事情对自己的健康有利，同时又不会妨碍其他人从中获利，那就不是什么自私的事了。现在想想看你对自私的定义是怎样理解的呢？

## ● 重新定义你的压力概念

找一个让你恐惧、崩溃，又或者让你痛苦的词，用你内心的力量将它重新定义，直到它不再让你感觉有压力为止。

下面是在压力控制研讨会上的几个小例子：

### 自私

常见定义：只想着自己。

更新过的定义：照顾好自己的基本需求，奉献给他人的才会更多。

### 罪恶感

常见定义：犯了一个你怎么都忘不掉的错误。

更新过的定义：犯了一个错误，你可以从中学习、总结、改正。

## 害怕

常见定义：一种负面情绪，代表着软弱和不安全感。

更新过的定义：这是我们对安全问题的内心晴雨表，暗示着我们将要面对的挑战。

首先，找到一些让你感觉有压力的人或活动，然后选择一个和你承受的压力相关的关键词进行定义更新，这个词可以是老板、金钱、配偶、医生，也可以是你选择的任何一个词，然后按照以下五个步骤进行思考：

1. 搞清楚目前你正在使用的定义；
2. 你为什么会这样定义呢？
3. 这个定义现在合时宜么？
4. 如果不合时宜，重新定义一下；
5. 采用你更新过的定义。

你会发现，对于一段充满压力的关系，或者一个充满压力的状况，你都会有完全不同的看法。

你真的会放松吗

## ●真实故事／对"伟大"的定义和更新
### 来自爱德华·汉兹利克博士

定义更新对于我的患者来说是大有帮助的,萨拉(Sarah)就是一个很好的例子,她重新定义了"伟大的妈妈"这一概念。

第一次来的时候,萨拉忧心忡忡,眼泪汪汪。她列出长长一大串症状,自己也搞不明白为什么天天感觉如此糟糕。

我从各个角度观察了一下影响她情绪的因素。她有六个孩子,特别想做一个伟大的母亲。如果她稍微坐下休息一会儿,就会感觉有罪恶感,觉得自己做得不够多,不够好。

第一次见到萨拉,我就告诉她,所有这些所谓的症状都不过是因为她压力太大,生活太累造成的,唯一能改变现状的办法就是多关心关心自己,好好照顾自己。这种说法可让萨拉有点儿接受不了。

事实上,我的意思是让萨拉重新定义一下,到底什么样的妈妈才称得上伟大的妈妈。她目前的定义是,伟大的妈妈就是全心全意只想着家人需求的妈妈。

我带着她做了一些练习后,她才意识到一个妈妈能给孩子的最好的东西,是一个的的确确开心而又健康的妈妈。她更新过的

## 第三部分
### 回归正能量的修炼

定义很简单：作为母亲，我是家里的一个重要成员，同时我也需要家人的照顾。她明白，这样的一个妈妈心理负担会小一点儿，让人相处起来会容易一点儿，而且这样的妈妈会更宽容、更善良、更有趣，也更能够理解家人。她对家人的爱会更加自然而然，不会让人感觉那么难以承受，而这才是每一个家人所需要的。

萨拉意识到，要想变得开心、健康，唯一的方法就是要意识到自己的需求，并积极地去满足这些需求。她需要把自己看得更加重要，不能事事总想着别人。在这一方面，她的丈夫不断地鼓励她，支持她，帮了她的大忙。他们两个都清楚，如果萨拉自己身心透支的话，那么照顾好家人就是一句空话了。萨拉最终对于母亲的伟大有了新的定义，身心健康都有了不可思议的改善，这让我深感宽慰。

定义更新随时随地都可以进行，就像呼吸新鲜空气一样，这种经历让我们感觉很不错。当我的孩子们十几岁的时候，我有过一次惊心动魄的经历，也是和定义更新相关的。

当时我在哥本哈根出差，正打算回家欢度圣诞节，结果我突然感觉到我不是那么想见到我的儿子和女儿，相反，一想到要见到他们，我还会感到压力重重。我想这是怎么回事呢？于是我静下心来思考了片刻。

我突然明白了：是我对孩子们的定义出了问题。看！错误定义这种事情最终也发生在我身上了！想想看，每当有个孩子跑到我的房间敲我的门时，我立刻就预感到肯定是出麻烦了。结果，我对爸爸一词的定义就成了专门解决麻烦的人了。

在我小的时候，我的爸爸就把我看作一个总是制造麻烦的捣蛋鬼。

我想，能不能对孩子有个更好的定义呢？最后我想到了：只有孩子们才能让我体会到父亲与儿子、女儿之间那种独一无二的爱，他们是我父爱的唯一对象。

真是惊喜啊，这一新定义完全不需要改变我对孩子们的描述，只需要改变我看他们的方式就可以了。这种新定义让我感觉棒极了，我相信这个定义更适合我，能让我很好地享受生活，享受天伦之乐。

我回家了，又期待又激动。奇怪的是，不知道为什么，当再有敲门声响起的时候，进来的不再是那两个给我惹麻烦的讨厌鬼了，而是我深爱的、非常亲切无比的孩子们。

第十七章

## 完美的PLE三角形
Performance · Learning · Enjoyment

一个商人问了我一个很犀利的问题:"你们这个游戏到底是干什么的?"他想让我用一两句话把整个问题讲清楚,可是那时我自己也没有一个确定的答案,需要认真思考一下才能回答。这时,我想到了那些借助内在游戏在人生中取得了一个又一个突破的人们……

我说:"如果内在游戏做得好的话,我们就可以获得三样东西。其一就是我们会表现得更好;其二是我们会自然而然地学习;其三是我们可以享受到很多。"

这种回答好像是"第二个自我"不由自主给出的回答。然后我又仔细想了一下，意识到这个答案刚好能够构成一个完美的答案，可以解释工作、娱乐或者任何人类行为。

人们一直认为表现是唯一算数的东西，这种概念对我也影响颇深。工作就意味着表现，而与表现相关的结果就决定着一个人成功与否。

当我们谈及工作的时候，往往不会考虑学习和享受这两个因素。使用ＰＬＥ三角能平衡我们任何一个正在进行的活动。如果我们只重视三角中的任何一个单一因素，那这一个因素就决定了我们所有的胜负，这太不人性化了。

表现发生在外部世界，比如：桥修好了，产品卖出去了，食物已经摆在桌子上了。然后就不需要讨论是不是要设定关于表现的目标了。但是这时很有必要设定关于学习和享受的目标，这些是一个人的内在体验，和外在结果是一样重要的。

很多人并不把享受看作表现的一个必要部分，在美国尤其如此，因为清教徒的工作理念对他们影响很深。新英格兰派哲学家乔治·桑塔亚那（Geoge Santayana）曾经对清教徒下过这样的定义——他们是一群特别害怕有任何人在任何地方以任何方式享受生活的人。

ＰＬＥ包含三个同等重要的因素：

表现：具体而言，即行为本身。

## 第三部分
回归正能量的修炼

学习：在行为过程中你正在学习和没有学习的东西。

享受：在行为过程中所获得的体验。

有一个单亲妈妈讲述了这样一个故事：有一天她在上班的时候接到一个电话，说她儿子要停学一天，她得马上去接。在开车去学校的路上，她感到又焦虑又生气。这时，她突然想起ＰＬＥ原则：

现在，她最直接的表现目标是非常简单的，校方已经要求儿子停学一天了，所以现在做什么也无济于事了。然而，她意识到，其实在这个时候可以有一个学习的目标。她平时太忙了，从来也不了解儿子在学校里的情况，也没有停下脚步听听儿子的心声。而且，她不清楚到底发生了什么事情要让儿子停学一天，所以她要了解的还有很多，这让她颇感兴趣。

接着她又考虑了一下享受方面的目标，然后居然很高兴地发现今天她和儿子自由了，一个不用上班，一个不用上学，难得有机会两人能共处，没准儿还可以好好玩玩儿呢。

所以，这个妈妈到达学校时面带微笑，要请儿子到他最喜欢的餐厅美餐一顿，你可以想象孩子该有多么惊讶啊。他们敞开胸怀畅谈了一番，她也从中了解了儿子那天的经历，然后与儿子的老师好好谈了那天发生的一切。

### ● 平衡PLE小练习

在很多时候，我们感到有压力，正是因为过分重视了PLE三角形中关于表现的方面。这是我们在社会中养成的习惯，现在我们要做一个小练习。先挑一个让我们感觉在表现方面存在压力的事情，像家庭内部的争吵，工作项目或者是减肥计划，这些都可以。

你的表现目标是什么？阐明你想要完成的事情，要客观一点儿。

有什么是你可能学到的？选出你在这个经历中可以学到的、对你的生活有用的东西。

你有可能享受到什么？在表现的过程中，在学习的过程中，你最希望有什么样的积极体验？

起先，习惯成自然，我们可能还是会主要关注表现方面，忽略学习和享受的过程。但如果我们学会平等地重视这三个方面，很快就会发现组成三角形的三个方面会相互平衡、相互支撑。毕竟表现得好，学得充实，还是非常让人开心的一件事，同时学习也一定会对将来的表现起到促进作用。总而言之，这样我们就能对生活多一点儿掌控，使生活质量进一步提高。

第十八章

艾琳的故事

当你有一个用得顺手的工具箱,并在需要的时候总能找到称心如意的那一件工具时,你会发现,最早使用的工具总是"停止",因为这个工具能让我们留出空间来考虑一下别人。接下来才会考虑还能使用其他什么工具,从而能有效地保护自己,或者有效地建立长期的平衡,这可是一件具有创造力、需要不断练习的事情。

我最近难得有机会坐下来见一见约翰和爱德华的一个患者,聆听她如何就内在游戏工具学以致用,并改善了身体状态。

她叫艾琳,刚来研讨会的时候我们每个人都对她印象深刻。

她是一个自小生活非常艰难的女人，成人之后的家庭生活更是一团糟，极度的压力使她身体越来越坏。然而，她对健康的向往，对生活在"第二个自我"世界的渴望触动了我们每一个人，也让我们对她的复原充满希望。

艾琳5年前来找爱德华医生的时候，是一个来不及预约的急诊病人，而现在，她虽然已55岁，但依旧魅力十足。她还记得自己以前常常痛得无以复加，哭得失控，大声呻吟。那时她的病史很复杂，经历过很多外科手术，有胃食道反流症，还有一些慢性肠道疾病。这个可怜的女人已经进行了16次治疗了，所有看过她的医生都说已经无能为力了。

爱德华在给她进行了彻底检查和很多测试之后，认为艾琳得的是肠易激综合征，一种会因为压力大而变得严重的病。爱德华进一步了解这个病人后，发现她的故事真的有点儿让人毛骨悚然，怪不得她承受了如此大的压力呢。

现在的艾琳可不是原来那个病恹恹，整天愁容满面的可怜女人了，那些折磨她的腹痛和肠胃综合征也都消失了。现在她精力充沛，生机勃勃，就像换了一个人。

让她改头换面的主要因素就是她理解了是压力导致了种种病痛，相信使用内在游戏才能摆脱疾病困扰。

当我坐在艾琳面前的时候，我看到的是一个因内在游戏获益而开心健康的女人,这是一个实实在在的、活生生的例子。她特别想和大家分享她的故事,现身说法,就算因为压力受了一辈子罪,现在想彻底改变也是完全有可能的。

## 和艾琳的谈话

我问艾琳:"你原来知不知道自己的病主要是由压力引起的呢?"她回答说:"不,那时候我对这一点还是挺抵触的。我不知道我的压力有那么大。事实上,那时我还觉得我挺会应付压力的。其实,是压力把我打垮了。"

我继续问:"到底是什么让你感觉压力最大?"

艾琳说:"是家庭。我们家有点畸形,家里有12个孩子,我是年纪比较大的。小的时候爸爸常常虐待我们,对我们又打又骂。所以在很小的时候,我就觉得我有责任保护好其他兄弟姐妹,把一切都扛在自己肩上。那时候我不会说不,做事情毫无原则,这一切让我感觉很崩溃。当我去看汉兹利克医生的时候,我已经病得不行了。其他医生都对我无能为力,这让我感到很绝望。"

我又问:"你是什么时候开始感觉有所好转的?"

"当我第一次看汉兹利克医生的时候,他非常耐心。他的聆听让我备受鼓舞,所以当他说我会好起来的时候,我特别相信。首先,我得学会接受一个事实,那就是我也是一个活生生存在的人。在那之前我的世界里压根儿就没有自己。现在我得承认我也需要帮助,我重新思考了一下自己的人生,觉得自己已经准备好,可以学习摆脱压力的方法了。"

"当你病得如此严重,怎么还有力量来帮助自己呢?"我问道。

"简单的一些事情就能让我感觉恢复元气了。压力控制研讨会教会了我一些方法。一开始特别有用的就是'暂停'的方法,我可以学会在答应别人的要求前先停下来,好好想一想。'压力控制'的相关问题也对我帮助很大。我一次次地提醒自己,别人我是改变不了的,他们得自己改变自己,这一点对我影响真的很大。我以前总是想改变我的家庭,从来没有想过其实可以试试其他的方法。

"最近,我14岁的侄女遇到了很多麻烦,我极力想帮助她,结果却卷入其中。不仅侄女不合作,出现什么事的时候,家里其他人也都埋怨我。这件事情使我压力特别大,所以我决定积极行动起来,帮自己摆脱压力。

"接下来我开始参加健康研讨会,学习如何冥想,去看心理医生,去做温泉疗养。我还经常去拜访霍顿医生,参加他的研讨

## 第三部分
### 回归正能量的修炼

会，在那里我遇到了很多精神上很痛苦的人们。我发现，其实不需要那么在意别人的需求。

"当我第一次听说压力控制方法的时候就特别喜欢，也特别相信。我学到了很多，其中之一就是明白了觉知、选择和信任是至关重要的。我现在更清楚地意识到我周围在发生什么，我身上又在经历着什么。以前，我对自己的身体状况是没有意识的，直到身体越来越糟，终于晕倒在地的时候，才知道我一直以来经历了那么多的痛。

"我学会的第二点就是选择。之前，只要有人遇到麻烦，那么我就是救火车，会立刻赶到他们身边，一路上还不断给他们打着电话。现在，我想其他的选择也是可以的，比如说我可以告诉他们现在我赶不过去，但是我可以在电话里和你一起祷告。我终于明白，我不可能成为所有人的消防员。

"我还知道了，我需要进行自我保护。过去我总觉得老想着照顾自己是非常自私的，我还记得有一次因为觉得自己自私哭了一场。那时我甚至意识不到自己的存在，当我在自己的生活中感受不到太多爱的时候，我觉得自己也不可能成为一个充满爱的人。接着我就审视了我人生中的每一个阶段，发现我有一个从来都没有怀疑过的信仰体系。这个体系萦绕在我的脑海里，不停地告诉我该做什么，不该做什么。这个体系被你们叫作压力制造者。我开始严肃地审视我所有的信仰，最终在自己的人生中找到了自己的位置，并且学会了相信自己。

"那个改变态度的练习也帮了我大忙。我做了一个标记，贴满了我的房间，这样来提醒自己要时时记得使用这些方法。在标记的中心我写道：你准备有什么样的态度？然后在周围我写着觉知、选择、信任。人们觉得我太疯狂了，可是我不得不这样做。

"记得我还把这些标记发给参加研讨会的人们，告诉他们这些方法我都用了，真的非常管用。我还要继续做家庭作业来练习这些方法。因为我再也不想回到过去的生活中了，我只想继续向前。"说到这里她已经眼泪汪汪了。

我说："现在我明白这些方法确实帮了你很多，但是我还是想知道这一切是怎么使你从身体的病痛中解脱出来的？"

艾琳说："我的肩膀和腹部过去总是疼得很厉害。我刚去看医生的时候站都站不直，头发也掉得很厉害，人们说我看起来总是病恹恹的。那时我总是会爬进车里大哭一场，感觉太糟糕了。有时候我病得吃不下饭，肠胃也消化不了，感觉胃里总是火烧火燎的。渐渐我明白了压力真的是导致这些身体疾病的罪魁祸首。

"现在我做事情理直气壮多了，感觉一切都轻松了好多，肩膀和腹部也不痛了。大家都说我气色很好，我自己也感觉不错。所以自己的想法才是最重要的，这一点我以前不知道，现在感

第三部分
回归正能量的修炼

觉大脑和身体都健康多了。"

我和艾琳面对面坐着,可以感觉到她在讲述一个真实的故事,她真的把内在游戏活学活用了。但是我还想再问得清楚点:"我觉得很多读者读了你的故事,会觉得一切都太轻而易举了吧?对这些读者你有什么要说的么?"

她笑道:"其实一切并不容易。我也遇到过挫折,任何人都会的。最大的一次挑战就是最近我们家遇到了一次危机。一开始我觉得自己真的处理不了了,我感到很崩溃,以至于什么方法都用不上了。所有以前的症状又一一出现了,肩膀和肚子又开始疼了,消化方面的问题也又出现了,我变得又焦虑又压抑。我真的不想再回到过去的状态,可是又不知道该怎样继续下去。

"这时候我就拿起电话打给汉兹利克和霍顿医生,他们给了我一些建议。我又开始去看心理医生,重新参加了压力控制研讨会。这一切太有用了。我进行了态度改变练习,全班人都在帮助我。我对生活有了崭新的态度,我觉得一切我都能应付得了,我可以从面对危机的过程中学到很多,也获益很多。这种态度让我感觉不错,所以我坚持下来了。

"现在我感觉已重新恢复了平衡。一旦你经历过没有压力的生活,你就再也不想回到那种充满压力的状态了。"她的这番话触动了我。真的是这样,这种选择决定着你到底会让环境压倒,还是会在困境中学会掌控，学会满足。

艾琳的勇敢和努力向人们展示了内在游戏是多么有意义，正是这些小技巧使她的人生如此不同，能够很好地面对种种挑战而不再遭受压力带来的折磨。显然，她已经成为了自己生活的CEO，那些她曾经极力去取悦的人也开始与她分享一切。

每个人使用这些工具的方法是大相径庭的，我们没有办法制造出一个统一的格式。但是只要你学会利用你的内在力量，不断提高自身的稳定性，总有一天你也能顺顺利利地走过坎坷。那时你就会发现，当面对压力的时候，你也是可以有其他选择的。

艾琳告诉我："我的世界完全改变了。我突然意识到我人生的目标并不是去帮助每一个人，而是要保持健康，从而能更好地帮助别人。以前我活在别人的影响下，现在我的人生就是我自己的，这一切让我感觉如此美好。"

另一位主管给我们讲述了他的故事，正是因为"第一个自我"的野心让他变得疯狂，他原本成功的事业现在完全衰败了。他向我们描述了为了某个项目他是怎样地拼命，结果不仅赔了钱，还因为亏损得了抑郁症。现在他又找到了一种平衡的生活方式。在总结自己的经历时，他特别提醒大家："一定要记住，PLE里面我们说的E，指的不是自我（Ego），而是自我享受（Enjoyment）！"

## 第十九章

# 面对衰老和死亡的内心调节

内在游戏并不仅仅可以调节内心,更能成为在生活的各个领域中都很有用的方法。约翰和爱德华医生的实践使我对这一点深信不疑。他们每天面对的都是一些遇到生死攸关的问题的人,人们只有在这个时候,才会认真地反思自己的生活。

在生活中,内在游戏就是为了让人们即使面对生死,也要做出恰当的反应,这样才不会抱憾终生。

你真的会放松吗

### ●真实故事 / 罗伯特无所不知

来自约翰·霍顿博士

很多年前,一个同事问我愿不愿接管罗伯特·杨这个病人,帮他进行家庭诊疗。上了年纪的人应该都记得罗伯特的,他是《爸爸无所不知》连续剧里的男主角,后来在《马库斯·韦尔比》(Marcus Welby, M.D.)里面还出演过家庭医生。他演的都是虚拟的角色,可是他成了现实生活中实实在在的偶像,代表着慈祥的父亲和完美的医生。虽然我多年来一直和一所医疗收容所合作,但我依然感觉有一点点不自在,因为我常常听到有人用不屑的语调说某个医生怎样比不上马库斯·韦尔比。

所有所谓的伟大,罗伯特都拒绝接受。事实上,多年来他一直在强调,他并不是自己所呈现的父亲形象,也没有马库斯医生所拥有的智慧。他一直有酗酒的毛病,还有抑郁症。在采访中他常常提到,人们老是把电视中的人物和现实生活中不那么完美的他混在一起,这让他非常沮丧。

我第一次去看罗伯特的时候,他已经非常老了。那时他不再吸烟,抑郁症也不那么严重了。他有一个可爱的家,有一群尽职尽责照顾他的人们,他整个人看起来很善良、很有魅力,非常和

## 第三部分
### 回归正能量的修炼

蔼可亲。

我照顾了罗伯特三年，和他的家人相处得非常不错。后来，我们决定让他随心所欲，不再要求他必须早起锻炼，或者做任何他不愿意做的事情。他特别喜欢在床上休息，睡觉也睡得特别多，特别安详，就像一个小孩子一样。终于起床后，他喜欢开怀大吃一顿，然后看看电视，或者拜访拜访老朋友。在人生的最后几个月里，他不想下床了，我们就在床上照顾他。

有一天当我去看他的时候，他特别清醒，精神很好。我随口问他感觉怎样，他脸上洋溢着满足的微笑，告诉我好极了。事实上，当他最终离开这个世界的时候，脸上没有一丝痛苦的痕迹。所有的家人和朋友都在场，那个场景是如此安详，如此美好，以至于我们都不由自主地想到了伟大一词，纷纷鼓起掌来。

对于罗伯特，我们想做的就是让他在最后几年里能够尽可能活得没有压力。他总是想放松，想休息，没有人会阻挠他这样做。我们都知道，绷得再紧的心弦也需要松口气的，要抹掉过去的痛苦，这样才能开始新的感受。

提供这种社会收容所真是一件不错的事情，能让生命垂危的人们拥有家一样的环境，完成未了的心愿，解除痛苦，并在安详和快乐中了却一生。人们有足够的时间和足够的耐心来进行生死离别，这样的场景我目睹了一次又一次。

另外，在生命如此脆弱的时候，恐惧、崩溃和痛苦发展到了一定程度，让压力系统不堪一击，随之而来的对抗（愤怒、痛苦、埋怨）—逃离（滥用药物、古怪的幻想、关系的分离）—僵化（焦虑、绝望、压抑）会使每个人离世的过程变得非常困难。在生命的最后时刻，我们应该自己选择怎样离开这个世界。

## 衰老压力的内心调节

以前在进行内心调节游戏的时候，参与对象大多是从事体育运动的年轻人，他们没怎么涉及衰老的问题。后来，参与这些游戏的人年龄变得多样化起来，我立刻就注意到年龄大的人对衰老有一种大致相同的态度，而正是这种态度让他们压力更大。

有一次，我遇到一个事业成功、特别有能力的经理，他说："上周我满50岁了，感觉好像从此以后就要走下坡路了。"客观地说，现在的他和几周前的他没什么不同，而且我觉得50岁的时候刚好是人生最辉煌的时刻。他就是被一个数字给吓住了，让一切不同的仅仅是他的态度。

伴随衰老而如影随形的社会压力是实实在在的。但是谈到压力问题，我们不一定非得受它影响，想办法避开也是有可能的。

很多人面对衰老的态度就和一些人打网球时候的态度一样。

打网球的人常常太关注自己的动作，老想着要控制好比赛，总担心最后的结果，担心他们的形象。这样忧心忡忡，他们是打不好网球的。

衰老，是人生不可抗拒的生理过程。在这种情况下可以使用PLE三角。当一个人变老的时候，他在某些方面的能力可能确实有所衰退，但是这时完全可以树立新的表现目标。如果能够同样重视一下其他的两个因素，也就是享受和学习，那么就有可能拥有新的机会。

中国有句古话：活到老，学到老。还可以同时增加一种说法，活到老，享受到老。面临衰老我们可以说："不能让衰老剥夺我享受生活的权力！"

改变态度的方法在这里是非常有用的，可以试试换种态度来面对衰老：

现在我更加充满智慧了，这些智慧可以与别人分享。

现在我有时间了，可以好好反省一下，找找内心力量的资源。

我又有机会像孩子一样学习了，我将会重新认识到：生命本身就是一种享受，活着就是最重要的事情。

我要放下生活中所有的痛，要优雅地生活，优雅地离开。

一位90岁的老先生曾经对我说："我现在已经不在乎别人怎么看待我了，我想说什么就说什么。"年龄很大的人确实可以随心所欲了，他们不再有任何担心，也不在乎别人的眼光，只想重新做回自己。

## ●真实故事 / 面对死亡的态度
### 来自约翰·霍顿博士

凯西（Kathy）今年45岁，患上了多发性硬化症，几乎每天晚上都会因为恐慌而惊醒。加州大学洛杉矶分校（UCLA）的一个顶级专家告诉她，其实病症很轻，不影响寿命，但她还是特别害怕。

她半夜醒来时，总是怕得不行，怕会残疾，怕面对死亡。这个时候，我没有选择用苍白的语言劝她完全不用担心，而是跟她讨论了内心调节游戏，并建议她试试改变面对死亡的态度，看看能不能找到一种态度，能够让她在夜里不再害怕。

我向她提出了一个建议："现在你已经活了40多年了，在这40多年里，爱和善良一直陪伴着你，当你离开的时候，这些爱和善良会继续围绕着你的。"

凯西笑了，她说她喜欢这种态度。

我告诉她其实所有关于濒临死亡体验的研究都认为这种态度

可行，因为人们所感受到的安详和光明是善的，这种善引导着人们去享受生活，引导着人们学会如何去爱。凯西听了这种说法感觉很松心。

现在我认识凯西已经有10多年了，那天之后她就再也没有因为恐慌而半夜惊醒过。因为面对死亡她有了一种新的态度，而不是以前那种不由自主的本能的反应。

凯西这件事让我想起中国一个非常著名的故事，说因为皇帝又蠢又笨，有一个忠实而又聪明的大臣要被处死了。在去行刑的路上，大臣停住脚，欣赏着路边绽放的梅花。一个士兵问道："你都要死了，怎么还有心情欣赏梅花呢？"他回答说："这个时候我做不了别的事情，只有赏花还能做，为什么不做呢？"

## 定义更新

·杰克是一家公司的董事长，刚45岁，然而他怕老怕得要命。其实他很年轻，很成功，健康状况也非常好，真看不出到底是什么让他这么害怕衰老的。

我想也许杰克对于衰老的态度才是罪魁祸首。果然如此，杰克说自己的父亲就是在52岁时因为突发心脏病而猝然离世的。从那时起，杰克就觉得自己活不长。虽然他很健康，医生也一次次告诉他身体状况绝对没问题，但他始终坚信遗传因素早晚会要了他的命。

我让杰克考虑一下，换一个新的态度来面对年龄的增长，这种态度必须得符合目前的生活状态和环境。

这种练习让他惊讶不已，作用也非常好。他从来没有想过发生在父亲身上的事其实和他自己的未来没什么关系。于是杰克决定要从此过一种健康的生活，毕竟这是他唯一能做的，生死并不在他自己的掌控之中。

·我有一个65岁的朋友，最近也特别焦虑，因为在他们那一行，65岁就意味着要退休了。对于很多人来说，退休是一个很让人有挫败感的词，这个词本身就是贬义的，代表着从此就得让位，对社会没什么贡献了。大家都这么想，怪不得老年人自己都感觉生活得很没劲。尤其在当今，很多人到80多岁还精力充沛呢，身强力壮就退下来是会让人觉得有点沮丧。于是我建议他试试新的定义方法，重新找个定义来界定退休。他想到了，退休可以意味着第二次人生。这个定义让他一下子充满活力，能热情乐观地走完以后的路程。

## 一切仍在掌控之中

当你是自己生活的CEO时，无论你是20岁、40岁、60岁，还是已经年过 90 岁，一切都尽在你的掌握之中，谁也不能唾弃你，谁也无法小瞧你，直到死亡你都是为自己生活掌舵的那个人。身边的人可以给你建议，但左右不了你的人生，只有你自己能决定要做什么。

· 我有一个朋友，以前是公司老板，现在已经 85 岁了。他说："到了这把年纪，所有该做的我都做了，该尽的义务也都尽了，接下来的人生我该怎么走呢？"我说："那就试试 CEO 这个比喻吧。"

他想了想说："不错，作为我人生的 CEO，我宣布从此以后享受生活就是我的首要工作了！"他很享受这种想法，但随后又一脸坏笑地说："我掌管快乐的副总裁建议我享受生活就要周旋于一个个女人之间。"这个 85 岁的老爷子依旧很帅，精力充沛，居然能活得这么精彩。

· 有一个名叫盖尔的女士，她已经离异，现在 50 多岁。她说："我掌管容貌的副总裁说我应该去做个拉皮手术，这样才能在事业和生活上更好地打拼。我还没想好要不要接受这个建议，你认为呢？"

我说："如果你在经营一个公司，一个副总裁提了一个建议，你也不确定要不要接受,这时应该问问其他副总裁的意见。"

她由衷地笑了:"对啊,我掌管财政的副总裁就不同意。"

压力控制问题也能够让我们换个角度看待衰老。记住,岁月的流逝我们控制不了,身体的衰老我们控制不了,有一天我们终将死亡,这个事实我们也控制不了。那就问问自己到底什么是在我们掌控之中的,什么是我们本可以掌控的。

## ●真实故事 / 让时光逆转
来自爱德华·汉兹利克博士

虽然衰老是生命中自然而然的一部分,但是很多人还是觉得这一步非常艰难。他们常常把衰老看作一种失败,就好像丧失了年轻时所拥有的一切力量。但是有一个学员非常与众不同,她的名字叫佩内洛普。是她让我明白接受甚至是享受衰老的过程是完全可能的。

佩内洛普已经将近70岁了,很多年来身体一直不好。然而,她从来没有放弃过追求,坚信自己会好起来,并且愿意尝试各种新的治疗方法。她试过新的饮食计划,增加运动量,摄入一些营养补充素,还开始去看治疗专家。几年来,她的身体状况大大好转，有一天她告诉我："我一生中感觉最好的就是这时候了，时间开始逆转了！"

这一切让我非常震惊。我突然意识到，其实在生命的各个阶段，时光逆转都是有可能的，真正的年轻不会随着时光而流逝，我们依旧有好奇心，有决心，有热情，有激情，我们对生活依旧有着无限的向往。只要活着，就没有什么能阻挡我们享受生活。

对于老年人来说，态度决定着一切。有些老年人因为退休，或者因为孩子离开了家就病倒了，这种情况屡见不鲜。一想到生活没有了意义，那种压力是难以承受的。这时，我教他们如何明白，一切都没有变，虽然在变老，但是充分享受生活的愿望和信心不能动摇。

在进行这种练习的时候，我们讨论如何享受生活，直到最后一口气。有些患者非常认可这种态度，找到了各种各样、非常独特的方法来保持活力，直到八九十岁还积极地生活，这让我欣喜不已。这种积极向上的态度极大地改善了他们的健康状况和提高了生活质量。

### 选择适合自己的方法

希望现在你已经明白，无论周围的环境多么有挑战性，甚至是面对生死攸关的问题，你都可以拿出心理调节游戏这个工具箱，找到帮你应付压力的有效工具。就算是面对着各种各样纷纷扰扰的压力，你还是可以管住自己内心的稳定，保护自我，选择恰当的方法来达到心灵的宁静。这些游戏随时都可以进行，和年龄无关，和健康状况无关，和经济条件无关，或者说，和外界任何因素都没有关系。

你真的会放松吗

## 总　结

### 人生的内在游戏

有人曾经这样问过我："我怎么知道这些内在游戏我玩得好不好呢？"我回答说："这些游戏都是自然而然、毫不费劲的，什么时候你感觉自己用这些游戏用得得心应手，充满信任，什么时候你就成功了。"

多年之前，珍妮弗·卡佩雅蒂（Jennifer Capriati）只有14岁，但已经是世界级屈指可数的网球运动员了。那时她正在接受采访，而我刚好坐在她身旁。有一位记者看到她如此年轻，就问她："要面对那么多世界级大牌运动员，肯定又紧张又害怕吧？！"珍妮弗回答说："害怕什么？如果打网球我会害怕的话，那我还打它干吗？"

这居然是十几岁的小孩子说的话！接下来的生活中，珍妮弗遇到了很多挫折，但是当她说出这句话的时候，纯粹是"第二个自我"的心声，完全没有"第一个自我"常有的疑惑和恐惧。只有当我们在生活中的每一刻都重视自我的存在，都让自己不断去学习，去享受，才能最终远离压力。

千万不要认为重视自我的存在是一种理想的状态。有人说："是啊，如果我们在完美的世界里，我是可以先考虑自己的感受，可以在老板说'跳'的时候就是不跳。可是在真实的世界里，我真的做不到。"

我希望大家在读完这本书后都能清楚地知道，我们的思想和行动越不摆脱压力的束缚，我们就越难成功，接踵而来的是越来越不健康的身体和越来越不开心的生活。要记住，我们不是在自我满足和走向成功中做一个选择，因为自我满足本身就是走向成功的根基，没有自我满足，何谈成功啊。

进行这些心理调节小游戏能让我们明白，没有必要对自己够不够优秀做评判，这些评判都是外人做的，或者是自己的偏执在作祟。如果你自己就是生活的中心，那么一切都在你的掌控中，你可以清楚地意识到所发生的一切，而无需对此做任何评判。

比如我们可以拿蹒跚学步的孩子做个例子。当一个孩子刚开始学走路的时候，他一次次摔倒，又一次次站起来，这时候我们肯定不会说："你这个笨蛋！连站你都不会！"不会这么说吧？我们一定会面带微笑，因为我们知道这些是一个自然而然又触动人心的过程。看着这个场景，我们常常会连连鼓掌说："太棒了！"这样孩子心里也不会想："我真是笨死了！"他们常常会哈哈笑着，满心欢喜地迎接下一次挑战。

本来这个学习和享受的过程是合情合理、自然而然的，可是很多时候我们偏偏失去了这种学习和享受的能力。

我最近刚去看了一个朋友，他显然心情糟透了，他告诉我他很爱他的妻子，很高兴终于娶了她。我问他为什么还是不开心呢？他说："我们这是新婚啊，谁知道过个10年、20年的我们还能不能像现在这么幸福！"

他的婚姻是美满的，可他还是老想着那些压根不着边儿的事情，这让他很痛苦。然而我们又何尝不是这样呢？常常会因为那些无谓的担心而毁了我们此刻的心情。

● 真实故事 / 反思与疗伤

来自约翰·霍顿博士

最近有一位患者来找我，因为她常常感觉非常疲惫。这位患者叫玛莎，是一个非常成功的经理。之前她已经进行过很彻底的身体检查，没发现有什么问题，所以她的一个朋友就建议她来找我，说我没准有什么其他的办法。

在之前进行身体检查的时候，玛莎就有几次提到有可能压力是导致她常常感到疲惫的原因，但又觉得自己可以疏解压力，因为她常常锻炼身体，经常小小地度个假，并且饮食习惯也很不错。

还没进行身体检查，玛莎就问我怎么看待她的健康和压力状况。因为之前已经有很多优秀的医生给她做过检查，所以我回答起来没什么压力。接下来的谈话却让我们俩都大吃一惊，不知道为什么，我自然而然就带着她做起了自我发现和反省这个心理调节小游戏。结果，这个游戏做下来，我们都感觉松了一口气。

我告诉玛莎，要想搞明白压力，就要先了解生活的结构。我问她："对于身体健康来说，你觉得最重要的三个要素是什么？"

玛莎不假思索地回答说："睡眠，这是我最近很头疼的一件事。还有良好的饮食、锻炼身体，还有度假。"

我笑着说："三个最重要的东西你都忘了。"

她有点儿困惑，又非常感兴趣："那是什么呢？"

我说："你没有提到水吧。"

"啊！还真是呢！"

"冷的时候需要温暖，热的时候需要凉爽，这个你也没有提到吧。"

她欣然同意："是啊，这个很重要。"

"最后一条，空气。"

玛莎乐了，她确实忽略了最重要的三个因素。我告诉她，其实我们生命存在的结构是非常清楚的。事实上，一个东西越重要，它就越简单，越让人享受。呼吸本就是上帝赐予的礼物，很重要，但我们很少会关注这个与生俱来的能力。

我继续说："导致压力的最主要因素是恐惧感和挫败感。这些感觉会启动'对抗—逃离—僵化'这一连串的反应，从而影响我们的想法、情感和行为。"这一点她完全认可。

接下来我让玛莎考虑一下每个人心理和社会生活的结构。这一次，我们谈的依旧不是压力。对于我们俩来说，这种谈话是自然而然的，但又让人激动。

玛莎考虑了一下说："社会关系是头等重要的，良好的自我形象也很重要。"我启发道:"还有没有其他重要的因素没提到?"她想了想,又摇摇头。当我告诉她还有三条她没有提到,玛莎再一次感到震惊了。我问她有没有听说过马斯洛的需求层次理论,她说听说过。根据该理论,最基本的两个需求,也就是生存和安全,玛莎都没有提到。生存和安全对她来说都不是问题,因为她生活在一个安全的地方,过得也算富裕。

当我提到自我实现的需求时,她静下来想了很久,之后非常确定地说:"很久以来我一直没有关注这方面的需求,我想这就是我常常感到疲惫的原因吧。"

玛莎告诉我,她一直以来工作的首要目的是享受工作的过程,其次才是金钱和地位。但是过去的几个月里,她觉得工作起来没那么享受了。是啊,人的压力和人的感受是紧密相连的,因为关乎感受的不仅仅是身体需求,而且还有心理和社会需求。这是一个以享受为基础的简单体系,如果我们的工作或社会生活不能给我们带来快乐,那么接下来会有三种选择:逃跑;积极对抗以改变现状;或者感到自己被困住了,慢慢变得僵持不下。

我们常常很理性,选择忽略自己的感受,强行让自己适应现状。这就是为什么玛莎不知不觉就因为对现状不满意而压力越来越大。

## 总结
### 人生的内在游戏

如果任何一种基本需求长期得不到满足，那么我们就会承受持续不断的压力，并有可能因而生病。就算我们丝毫没有意识到这种需求，又或者常常忽略这种需求，我们还是会因此而承受压力。有些病人总是觉得爱、自我欣赏和自我实现毫无价值，没有这些他们也一样生存。但是不了解这些需求，不努力去满足这些需求，他们就一定会压力不断，难以走出病痛。

### 告别压力，迈步前行

你听说过麦尔斯·希尔顿（Miles Hilton-Barber）吗？他现在已经60岁了，是一个伟大的冒险家。最近在劳斯莱斯（Rolls Royce）一次商务管理课程结束的时候，他做了一个动员演讲，而我刚好有幸参加了。

说他是个伟大的冒险家恰如其分——他攀登过非洲最高的山乞力马扎罗山，征服过西欧最高的山峰勃朗峰，参加过"世界最艰难的赛跑"，在超级马拉松中穿越撒哈拉沙漠，78小时无休无眠走过整个卡塔尔沙漠。对于任何一个冒险者来说，这些都是值得称赞的经历了，但是别忘了另一件事，麦尔斯是在54岁时开始冒险的，而那时他已经完全失明了。

麦尔斯说，在开始冒险之前，他一直因为失明而痛苦。50岁的时候，他下定决心，再也不能让失明禁锢自己的梦想了。这对他来说是一个简单但影响深远的态度转变,从此他就开始了冒险生涯。他的语言不仅充满智慧,而且热情勃发,因为他正在享受生命的每一刻。

其实像麦尔斯一样的勇士我们见过很多,他们无一不承受着各种巨大的伤痛,却又总能豪情满怀,斗志旺盛,昂首向前。无论遇到什么样的挫折,他们总能够充分利用内心的资源,实现心灵的平静。对于他们,我们常常在远处欣赏,却难以像他们一样为人生的精彩而奋力一搏。

如果你把进行内在游戏理解为放弃,那就错了,但是在必要的时候要学会放手。猴子常常会因为不愿放开一个苹果而遭遇陷阱,我们千万不要像它们那样。进行内心调节是要我们学会活在当下,而不是让现状束缚自己。

曾经有一位女士,参加完我们的压力控制研讨会后好像什么也没有学到。她说她来的时候压力有多大,现在压力还是有多大。约翰对此感到很好奇,就去问她的丈夫她到底为什么这么抵触。她的丈夫说:"她的生活里只有孩子。她的咖啡杯上刻着一行字:如果爱他们,就要学会放手。如果他们不回来,就找到并且消灭他们。"

## 总　结
### 人生的内在游戏

　　几年之后，这个女士又回来了，她说她遇到了很多麻烦，总也没有办法和孩子及其他家人好好相处，有些事情她就是没有办法放手。接下来的几次见面，约翰教她进行了一些内在游戏，情况就有所改观了。之后，她带来了她的咖啡杯，交给了约翰，然后开玩笑说："这个杯子以后归你了。"

### ●真实故事／自由地爱
来自爱德华·汉兹利克博士

　　朱迪思（Judith）48岁了，她的儿子出生时患有多发先天性畸形，动过30多次手术。一听这个，我顿时感觉很同情她，因为这一切一定令她非常痛苦。然而，事情和我想象的不太一样，因为朱迪思恰恰把儿子的出生视为自己精神旅程的开始。她参加了一个组织，这个组织是专门为残疾儿童的妈妈们建立的，在这里朱迪思发现，她面对儿子的态度和大部分妈妈面对自己残疾孩子的态度大有不同。她从来没有怨天尤人，从来没有觉得这是上天对她的惩罚，也从来不去问为什么自己遭此厄运。

　　现在她的儿子已经18岁了，正在读大学，最近还被评为"新生王子"。确实，在抚养这个孩子的过程中，她学到了很多，回首这段经历，她充满感激，因为对于她的生活，这恰恰是让她受益颇深的经历。

朱迪思的故事让我们触动很大，她告诉我们面对生活中的挑战，我们可以保持内心的平静，如果我们能够换个角度看问题，所承受的压力就会大大减少。

## 什么是成功？

我们和编辑在讨论这本书的时候，很想知道读这本书能不能帮助读者取得成功。这个问题我常常思考，因为在我带客户进行心理调节游戏时，常常让他们对成功下个定义。我发现大部分人感觉成功的定义是约定俗成的，有些人认为成功就是有钱、有权、有地位，而有些人认为成功就是家庭美满或者事业有成。

对于你个人而言，成功的意义到底是什么？要想一想你对成功的概念到底是社会塑造的还是你个人想要的。静下心来想想，当你想取得成功的时候，你想要的到底是什么？这一点清楚了，生活中的所有决定就都清楚了；而这一点搞不明白，那么你所孜孜不倦追求的可能与你内心的渴望正好背道而驰，在这个过程中你注定会迷失自我。

## 总　结
### 人生的内在游戏

有一次我做演讲，对象是一群公司经理和教育工作者。演讲结束的时候，一个名叫吉姆的经理突然用手捂住脸哭了起来。人们都聚在他身边想去安慰他。

看到一片混乱，我就走上前去，问他愿不愿意出去走走。他松了一口气，起身和我出去了。走了一段之后我才问他愿不愿意说说为什么哭，他说是因为害怕。当问他为什么害怕时他却不愿意多说了。于是我们在沉默中又走了一段。最后吉姆说："好吧，我告诉你我到底害怕什么。我为自己制定了很多人生目标，现在我都一一实现了，这一刻我最怕的就是以后的人生就这样了，到死的时候我都不知道我还想要什么。"

这段话可真让人震惊。我说："这可是我听说过的最高贵的恐惧了。但是记住，你恐惧，正好说明了你有一种渴望，渴望去弄清楚你人生的意义，这一点对你来说是意义重大的。如果你认真对待内心的需求，它将带你找到人生的真谛。"

吉姆的故事告诉我们，外在的需求和内心的需求是完全不同的，他知道只要努力就能满足任何外在需求，但却不知道内心的真正目标是什么，能不能实现，正是这一点让他感到恐惧。

一个人的外在成功和内在成功是不是天然就是冲突的呢？

也不尽然。我见到过很多成功却不快乐、不满足的人，也见过贫困——表面上不成功的人脸上却洋溢着快乐和充实，我也确实见过富足而快乐的人，见过贫困而痛苦的人。其实外在成功和内在成功没有什么必然联系，我们是完全可能，也可以同时拥有两者的。

当审视你的外在目标时，你会发现其实外在目标远远不是最终目标。比如你可以问问美国总统，他想实现的某一目标是为了什么？他可能这样说："我希望因为我，这个国家，这个世界会大有不同。"那你再问问他实现了这个目标之后他能得到什么，他可能说："满足感，我能获得巨大的满足感。"一样地，如果你问一个有钱人他最终想从财富中得到什么，他可能会说想得到自由，得到安全感。

追本溯源，是我们内心的需求决定了我们对外界成功的渴望，而幸福、满足、安全、自由或者平静都是内心需求中的重要因素。

外部成功带来很多，获得成功的方法和成功本身都能带来外部或内心的回报，而内心的成功要靠内心的感受来评价。如果你内心取得了成功，你自己是知道的，因为这本身就关乎个人的感受。

所以当问及我这本书能不能帮助读者获得成功时，我的回答是肯定的。这本书会让读者变得更加成功，而且也会让读者更加明白他们内心对成功的界定。

**上天的恩赐**

曾经有一段时间我对自己很不满意，现在想想真让人沮丧。那时有什么事我总爱往不好的一面去想，对自己来说还不错的一面也不愿意给予肯定。我总觉得承认自己的缺点没什么不好的，但是要说自己哪方面做得不错，尤其是在公共场合说，我就有点儿难为情了。因为从小就有人对我讲，说自己漂亮、有天赋，或者有什么独特之处，那都显得自吹自擂。正是有了这样的概念，我越来越清楚自己哪里不足，却想不出自己还有什么长处。更糟的是，我总是纠结于如何把自己的短处变成长处：一定要把不好的改成好的，把弱点改成强项，把做不到变成能胜任的，把无趣变成魅力十足。这种理想主义时刻鞭策着我，让我觉得生命的目的就是要达到这样的理想境界。说实话，这一切让我压力太大了，改来改去的游戏一点儿也不好玩，而且让我越来越茫然，越来越疲惫。

我发现结束这一切的唯一办法就是好好想想自己到底是个什么样的人，不用去想什么所谓的理想、完美。自小我就学着怎么去改变自己，现在要学着相信自己本身就很美还真有点儿

你真的会放松吗

困难。当终于意识到原来我和别的孩子一样美,我由衷地松了一口气。摒弃理想主义的外衣,一种渴望油然而生,我要了解自己,欣赏自己,爱慕自己,享受自己!这种渴望是与生俱来的,完全不用别人教。我就是渴望了解现在我是个什么样的人,一直以来我是个什么样的人。我渴望接受作为正常人可以发生的一切。这可不是什么改来改去的游戏,这是活生生的,是扎扎实实的。我活着,我在呼吸,我可不在乎人们争来争去非要比别人强的游戏。我希望我能爱上实实在在的自己,爱上上帝所创造的那个我。上天赐予我们的生命是有限的,我只想好好珍惜这有限的生命。

有时我心里也会冒出一个声音:"这有什么特别的,每一个人都活着,都在呼吸,有什么大不了的。"但是安静下来,我还是清楚地意识到,这就是一件伟大的事情,对于我,对于每一个人都是伟大的。我活在这个世界上不是为了和别人比赛的,而是要搞明白活着的伟大之处到底是什么,能够呼吸的伟大之处是什么。还有能够去爱,能够体会活着的快乐,能够学会感恩,还有更简单的,学会享受,这一切的伟大之处是什么。

孩提时我就常常会想,如果有一天死了会怎样。我总想象着,上帝可能会对我这样说:"回来了啊蒂姆,让我看看。你是1938年出生在旧金山的,家庭条件还不错,你是他们家的二儿子。你接受了最好的教育，有各种天赋，也遇上了很好的机会。在你的一生中整个世界充斥着各种各样的问题，你是怎么处理这些问题的？"这个问题可真让人挠头。一想到这个场景，我就担心当上帝问到我这个问题时我会无话可说。

直到我 30 多岁的时候，关于这一幕的想象才有了变化。这时的天堂没有了璀璨辉煌的大门，没有了纯净无瑕的天使，只有上帝和一个使者在说话，我站在一边。上帝说："创造这个地球我们用了多长时间？得有个几十亿年吧？那么人的演变又用了多少年？我记得也得有个几百万年吧。我们可真是花了心血啊。"然后上帝又看着我问："我也给了你人的身体，不是一只蝙蝠，不是一只虫子，也不是一只河马，而是一个举世无双的人，活在这个举世无双的世界上。怎么样，你喜欢么？哪一部分是你最喜欢的？"

又到了回答关键问题的时候了。我能想象自己的回答："喜欢？我哪有时间喜欢啊？我光忙着改变自己，改变世界了，还没顾上去享受呢！"

想象着这样的对话，我顿时感到非常遗憾。上天赐予我们生命，我们却浪费了他的美意。任何人给了你礼物都想知道你喜不喜欢这个礼物，甚至是你有没有打开过这个礼物。

说到底，内在游戏就是一个关于享受上天恩赐的游戏，虽然

你真的会放松吗

有的时候做起来好像很难，但其实这才是人生最自然、最重要的部分。我们一出生，上帝就赐予了我们各种各样的能力，我们有意识，有快乐，有自由，有和平。上天想看到的就是我们好好地去运用所有这些恩赐的能力。

# 关于压力、大脑、健康的11个问题

约翰·霍顿，医学博士

爱德华·汉兹利克，医学博士

## ■1.承受压力时身体会有什么反应？

当压力增大时，大脑会收到警报的讯号，接下来向杏仁体和海马体发出预警，而杏仁体和海马体则会连同下丘脑刺激交感神经系统、脑下垂体和肾上腺（肾上腺位于肾脏顶部）。最终的结果就是大量的基础压力激素、肾上腺素和可的松会释放出来。

由于这些激素的变化，心率会加快，血压会升高。血液会选择流向肌肉，而这正是为对抗或者逃离做准备。如果身体做出了僵化反应，那么事情就朝相反的方向发展了，血压会降低，心率也会变缓。

消化系统也会随之做出反应。我们的身体很清楚，在生死攸关的时刻哪还有时间来消化食物啊，所以身体就会减少血液流动，降低消化酶类和唾液的分泌，以关闭消化系统。同样，免疫系统会萎缩，进入半休止状态。长期承受压力还会使性功能和生殖功能衰退。

我们的身体是很聪明的，它知道在遇到短暂危机的情况下该做出何种反应，但这种反应毕竟是短暂的，如果承受压力的时间很长，原本保护性的反应措施反倒会对身体造成损伤。

### ■2.我怎么知道压力影响到我的身体了？

大部分人在承受压力的时候是有感觉的，他们会意识到情况很难处理，也找不到什么好的解决方法，他们也难感觉到目前的不确定性对身体产生了种种影响。

一旦承受压力，应激反应机制别无选择，只能自行运转。如果你处于压力重重的境地，比如说你正坐在检查室等待医生，这时你就会留意到自己正在心跳加快，呼吸有点儿急促，身体开始冒汗，尤其是腋窝处。为什么会这样呢？因为害怕医生接下来要说或者要做的事情，压力激素就会自然释放，然后你就做好了准备——对抗或者逃离。身体知道你在对抗或者逃离的过程中肯定会产生热量，所以预先就分泌了汗来让你凉爽一下。

### ■3.为什么承受压力会让我们感到不适呢？

你的大脑会下意识地把很多简单的状况理解为是对你生存的威胁。和伴侣的争吵、孩子的顽劣、设备的失灵、约定的遵守，甚至是对自己或者其他事情的思考都包括其中。所有这些状况都会产生压力，启动应激反应机制。动物们正是靠着这个机制才躲过很多原本致命的攻击的。可是人类常常不对抗，也不逃离，这就会使基本的健康保障功能一直处于开启状态，身体的主要目标是为了保障生命而进行对抗，这样就需要暂时减少免疫系统、消化系统、生殖系统和内分泌系统的活动。

不难想象，化学物质如此失衡，人肯定会感觉不舒服，会有各种各样的症状。而由于感觉不舒服，人们又会借助各种物质来让自己感觉好受些。他们会吸烟、酗酒、过度摄入咖啡因、食物和糖分，甚至会消遣性吸毒。当然，这样做会使一切变得更糟。

美国国家精神卫生研究院（NIMH）精神神经内分泌学科原负责人费尔 W. 戈尔德博士（Phil W. Gold, M. D.）曾经说过，压力系统和人的感受是息息相关的。威胁、挫败和痛苦都会启动应激反应机制。有时候我们确实会在承受负面情绪时也不吱声，因为我们要么找不到出路，要么从小就学着要默默承受。我们可能会找很多理由来忽略负面情绪，但是记住，一旦这些情绪产生了，应激反应机制就激活了，那么我们就会承受各种后果，有身体上和精神上的，也有情绪上和社交上的。

### ■4.长期承受压力的症状是什么？

如果长期承受压力，我们身体的各个方面都会受到影响。肌肉，尤其是颈根处的肌肉会变得紧张，消化功能出现障碍，头疼、月经不调、心悸、胸痛、性功能和思考能力减退、皮疹、疲惫、睡眠障碍，这些都是长期承受压力的常见症状。承受压力时一些原有的疾病也会恶化，其中包括高血糖、高血压、关节炎、各种传染病等等。承受压力的人往往不会好好照顾自己，这样反过来又会使各种症状越来越严重。

有的时候我们不是也用对抗—逃离—僵化反应来生存的么？压力某些时候不是也有好处么？

当我们在谈论人类压力反应问题的时候，我们大多指的不是那些会危及生命的大灾难，而常常是那些内心的压力让我们产生的恐惧感、挫败感和痛苦。这些时候，对抗、逃避和僵化都毫无效果。

汉斯·塞利是压力研究方面的先驱，他的学生 A. T. 西蒙斯

（A. T. Simeons）在1961年曾经这样写道："对抗—逃离反应机制已经过时了，没法与人类大脑的快速发展并驾齐驱。"

当然，应激反应机制也是很重要的。如果你正参加一项富有挑战的活动，比如在陡坡上溜冰或者在公共场合演讲，这时候应激反应机制就派上用场了，这种机制能激励我们调整状态，积极面对挑战，这样我们才能看得更明白，想得更清楚，身体为此做好准备。

再举个例子，如果你真的身处生死攸关的境地，比如家里着火了，这时应激反应机制也会帮你迅速运用各种力量来保命。在这些情况中，压力是可以变为动力的。可是我们生活中遇到的压力大都不是这种类型。一旦你承受长时间的、持续不断的压力，你的身体健康、行为表现和精神状态就一定会因此受到干扰。

### ■5.压力会导致疾病么？

很明显，压力会促使很多疾病的产生，但我们也没法证明压力是哪种疾病的唯一病源。其实应激反应机制的直接影响是心跳加速，血压和血糖升高，这些影响又会使容易生病的人得高血压、肥胖症、心律不齐和心脏衰竭等疾病。可的松对胰岛素刚好起到反作用，这又恶化了新陈代谢系统，从而导致体重增加、高胆固醇和心脏疾病。压力可以诱发很多消化系统方面的疾病，比如说肠易激综合征、结肠炎、胃溃疡及胃酸倒流症。压力会削弱你的免疫系统，使你更容易传染上各种疾病，有时连普通的感冒都逃不过，康复起来也会特别困难。

承受压力时间一长，肾上腺会衰竭，免疫系统会反应过激，导致感染或者一些自身免疫问题，如红斑狼疮或者类风湿性关节炎。这些疾病对骨头的生长影响巨大，会恶化像骨质疏松这样的疾病，耽误孩子的发育。压力还会恶化像慢性疲劳及纤维肌痛等疾病，一样也会加剧一些呼吸道系统的问题，比如说哮喘。像抑郁、焦虑、强迫症及酗酒等心理问题也和压力过大有着千丝万缕的关系。由此可见，长期承受压力显然影响了身体机制的平衡和正常运转。

## ■6.压力减小了，是不是我的病就能全部康复了？

减少压力确实能够改善我们的健康状况，各种疾病治疗起来也会容易很多。但是，由于压力往往不是很多疾病的唯一病源，因此光靠减少压力不能完全治愈，只能使治疗变得相对容易些。我们还是需要靠一些具体措施来改善健康状况，预防疾病。比如加强营养，多锻炼身体，保证睡眠，避免摄入有害物质，经常进行体检，这些都是预防疾病的好办法。经验告诉我们，对于健康问题而言，减少并释放压力和这些方面息息相关，一样都会对改善健康状态起到关键作用。

### ■7. 有没有科学依据能证明内在游戏的合理性？

神经生物学领域的知识能让我们更深入地了解人的思维和大脑。丹尼尔·席格（Daniel Siegel）在其著作《喜悦的脑》中写到，大脑中部前额叶皮层的功能有很多，包括调节身体（平衡交感神经系统和副交感神经系统），协调沟通（协调自己与他人不同的思维输入），平衡情绪，提高反应灵活性（在行动之前先暂停一下的能力，也就是"暂停方法"的理论基础），产生共鸣（换位思考方法的理论基础），提高洞察力（自我认识意识），调节恐惧，发现直觉（获得认知的深层途径）及了解道德（什么是对大局最好的，而不是仅仅对个人最好的）。

人们观察了这些大脑系统，发现它们会一直发展，直到生命的最后一刻。内在游戏正是把这些内在的力量视为硬件，并继而提出各种方法来让人们更好地应用它们。科学研究说明这些内在力量确实存在，而我们利用这些资源的能力确实是可以通过这些方法来提高的。

### ■8. 内心的力量可以帮我们疏解压力么？

有很多有趣的研究都表明了爱的必要性，而这刚好是人类

你真的会放松吗

最主要的内心力量之一。法国小儿科医师雷诺·史必兹（Rene Spitz）曾经有一个重要的发现，在二战末，他去法国的一家孤儿院会诊，那里的很多孩子出生第一年就死亡了。孤儿院希望史必兹医生能够找到导致死亡的传染源，但史必兹却怎么也找不到。

事实上，孤儿院的卫生状况还不错，孩子们都挺干净的。但是这个医生发现，没有一个保育员抱抱孩子，也不和孩子们玩，他们都只顾着干活。于是史必兹医生就要求保育员多向孩子们表现一下自己的爱，多和孩子们玩玩。很快，出生没多久就死亡的事不再发生了。

美国的心理学家哈利·哈洛（Harry Harlow）做的实验，刚好印证了雷诺·史必兹的发现。他养了一些猴子，其中一些由母猴子照料，一些由木偶妈妈喂养。木偶妈妈和正常的猴子看起来一模一样，身体也可以移动，外面穿着衣服，胸部有个奶瓶，猴子宝宝可以正常地在那里获得充分的奶水。可是，木偶妈妈养大的猴子不会和别的猴子打交道，行为举止很不正常，而母猴子养大的却没有任何问题。

最近，国家卫生研究院进行了一项以猕猴为对象的实验。实验表明，焦虑的猴子妈妈会抚养出焦虑的猴子宝宝，而宝宝很难融入到群体中去。为了搞清楚到底这种不合群是先天的还是后天的，研究人员又把一些焦虑的猴子宝宝交给情绪不焦虑的猴子妈妈抚养。结果，这些猴子宝宝长大后情绪很稳定，不再焦虑了。动物权利保护组织的人们对这些研究发出抗议，说这样的结果根本无需什么实验，完全是情理之中的事。

在《疾病剖析》一书中，诺曼·卡增兹（Norman Cousins）讲述了另外一种内心力量的魅力，那就是幽默。当时他患有一种危及生命的疾病，于是他每天都看搞笑电影，从早到晚放声大笑。让人惊讶的是，借助这个方法，加上一些自然疗法，他居然康复了，现在成了加州大学洛杉矶分校医学学院中医学人文学科的兼职教授，经常对学生们讲述他的经历。

当我们在思考神经系统的不同时，孩子们的经历可能会很有说服力。有些孩子从小就生活在很大的压力中，当遭受暴力、虐待、愤怒、感情疏远或者被亲人忽略时，他们思维中更加原始的那部分就会主导他们的反应。相反的，如果一个孩子在充满爱、充满笑声的良好环境中长大，他们的神经系统就更可能健康发展。

要想让孩子们拥有健康的神经系统，需要四个因素：

基本的身体照料和保护；

别人的欣赏；

真诚的爱；

作为一个独特个体所得到的理解。

如果我们每一个成人，我们整个社会都能给予孩子们这四个因素，那么像吸毒、心理疾病和犯罪这样的问题不就大大减少了吗？

希望也是一种内心力量，这种内心力量有什么作用呢？

杰若米·古柏曼（Jerome Groopman）在最近的著作《希望：战胜病痛的故事》中写到："希望是我们的关键情绪之一，但如果让我们对它下个定义的话，很多人都说不清楚。"

很多人以为希望就是乐观，就是一种主导态度，坚信一切都会朝好的方向发展。但事实上，希望和乐观还是不同的。我们不会因为别人说朝好的方向想就变得充满希望，也不会因为听到过于乐观的预测就踌躇满志。和乐观不同，希望是基于纯粹的现实。其实，经验告诉我们，所有的内心力量都是基于纯粹现实的。

### ■9.什么是创伤后的应激障碍？ （PTSD）

小时候所经历的创伤和压力常常会成为日后压力的潜在来源，因为那时的记忆是如此令人痛苦，又或者因为一切发生在年龄很小的时候，这种记忆往往会成为潜意识的一部分。

创伤后应激障碍和长时间承受压力不是一个概念。强烈压力下人类所释放的是肾上腺素，这种激素能迅速调动身体各个部

关于压力、大脑、
健康的11个问题

位，积极应对严重威胁，肾上腺反应会让人不舒服，需要人们马上采取措施来解决问题。不同的是，面对长期压力时人们释放的是皮质醇，也是由肾上腺所释放的。这种激素能调动人体资源，应对长时间的压力、纠结。皮质醇激素过高也会导致一些和压力相关的疾病，比如说抑郁或者代谢综合征。

对于创伤后应激障碍，有可能肾上腺反应在继续，但皮质醇反应停止了，或者这种反应已经没法克服一种马上就会遇到威胁的感觉。我们知道患有创伤后应激障碍的病人一旦遇到让他们想起以前痛苦回忆的事情，就会立刻激发肾上腺反应。比如说一听到巨大噪音，有些患者会想起战争；而一看到陌生男子，有些患者会回忆被性侵的经历。对于那些在很小的时候就受到创伤的患者来说，刺激他们的因素可能就没那么明确，但无一不引发他们强烈的反应。

创伤后应激障碍的部分反应机制会激活杏仁核活性，继而激活大脑思维的反应路径。这一点我们几乎改变不了，因为一切发生得太快，根本没时间思考，而且我们也没法通过大脑思维来控制杏仁核活性。

创伤后应激障碍的治疗从来都是非常困难的，这一点谁都清楚。霍顿医生在目睹了无数患者深受PTSD煎熬后，决定建立一个研究室，专门帮助患者采用自然疗法来治愈心灵创伤。

这个研究室致力于寻找一些潜在的治疗方法，将患者从过去的经历中解救出来。霍顿设置了三个箱子：一个标着"总是对每一个人都有效"；一个标着"不太有用，可能还有害"；一个标着"不一定，有利或者有害是因人而定，因环境而定的"。

然后医生让患者考虑一下每一种治疗方法，把它放到不同的箱子里去。这些患者找到了五种对他们总是有好处的治疗方法：爱、自我理解、立志要治愈自己、希望、接受生命的馈赠，而这些刚好与我们的内在游戏是吻合的。我们有强大的内心力量，外界的纷争和艰难没法摧毁我们内心的强大，这必将让我们充满希望，勇敢前行。

要想治愈创伤后应激障碍，定义更新方法是非常重要的。一些与过去事件相关的记忆导致了我们的应激反应，而过去的事件已经发生了，我们是无法再去改变的，只有意识到这一点并且接受这个事实，患者才能慢慢康复。患者要清楚，应激反应是和过去的事件相关的，和现在的自我没什么联系。意识到这一点，才能充分利用内心的强大力量，在未来的人生中不断学习，不断体会，享受自己的生活。

■10.如果过去承受的压力总也抹不掉怎么办？

儿时所承受的压力可能会改变大脑的结构，杏仁体也就更可能在面对压力时做出反应。我们发现，过多的压力已经改变了很多人的神经系统，他们身上所体现出的病症，可以说是冰冻三尺，非一日之寒了。这个时候，采用内在游戏可以让人们学会慢慢放松自己，从过去不堪忍受的压力中解放出来。

当然，还有许多其他的方法也很有效果，比如按摩、针灸这样的传统中医，营养补充、冥想、锻炼身体、瑜伽、心理疗法和一些药物。赫伯特·本森医生（Herbert Benson）曾经写过放松反应问题，说一些简单的冥想方法就能让身体自然而然地处于放松状态。如果我们能充分利用现代医学技术，将中西医有机结合，同时又好好照顾自己，那么改变身体状况，重新拥有美好生活就是指日可待的事情了。个人的不断学习在这个过程中是至关重要的，因为每一个人都是一个独特的个体，没有任何疗法能做到人人适用。

童年的时候我们是通过镜像神经元来了解世界的，这种镜像神经元就是指我们常常会复制并模拟我们在家庭和社会中所看到的事情，有时一些人对我们产生巨大影响，他们的思维和情绪也会进入镜像神经元。现在，新的心理治疗方法致力于神经元可塑性研究，正是这种可塑性使得新的思考线路在人生的任何阶段都能得到发展，这样渐渐将过去的经历取而代之了。

## ■11. 男人和女人面对压力的反应是一样的吗？

最近的研究表明，男性和女性面对压力的反应是不同的。有些女性面对压力的时候选择的不是对抗或者逃离，而是去帮助彼此，照顾别人。这可是女性的一大改革，可以用协作互助的力量来保护自己。

男性和女性对压力的感知也是不同的，女性对一些交流及情感方面的潜在因素更加敏感。还有一个不同，当遇到压力的时候，女性会特别关注一些细节，而男性则会更宏观地看问题，会显得更加冷静客观。这一点可能会导致男性和女性之间的矛盾，因为男性会觉得女性总纠结于细节，看不到大局，而女性总觉得男性不够实际，老想着不着边际的事情。

但是，对于男性和女性来说，内在游戏是一样的。两性都有一样的内心力量，都拥有一样的心智来提升自己。在我们的研讨会上，常常会看到男男女女都会停止对外界压力的关注，而更加注重内在游戏，这让他们更有能力来达到内心的平静，避免失衡状态的发生。

读完这本书，希望你能知道面对压力的时候我们不总是无处可逃的。你可以接受应激反应机制自动运行，但你也可以运用你的智慧和努力,来更清晰地做出反应。面对生活中的挑战,我们每一个人都有强大的内心力量,能够帮我们达到内心的宁静,保障心态的平衡。我们知道受制于应激反应机制会导致一些疾病,但是我们更清楚,只要我们学会与生活中的挑战斗智斗勇,就一定可以充分发挥自己的潜能,享受我们生活的每一天。

# 致　谢

## ◎ W．提摩西·加尔韦

这本书能够顺利出版，得益于很多人的大力支持，这里我们尤其要感谢：

Catherine Whitney：她充分了解我们三人的经历和感受，并将之雕琢成了一本让我们引以为豪的著作。

Jane Dystel：我们的出版代理，她对我们的作品充满信心，一直不断地鼓励我们。

Mark Tavani：兰登书屋的编辑，他对我们的作品很赏识，为本书的出版做出了不懈努力。

Joan Swan：他栩栩如生的图解充满新意，刚好符合本书的主旨。

# 致 谢

另外，还有一些我们个人的朋友，对本书的出版也给予了帮助，他们不仅是我们的生活挚友，也是我们工作的好帮手。

Irene Gallwey：我的姐姐，不断给予我爱、反馈和鼓励。

Mary Wishard：我的妹妹，不断给予我爱、反馈和鼓励。

Zach Kleiman：球场上下他都给了我很多指导。

Valerio Pascotto：他对本书做出了特别的贡献，一直是我的好朋友、好帮手。

Sean Brawley：我的朋友，对这本书，对内在游戏的各个方面他都充满热情，给我提供了很多帮助。

Leslye Deitch：是她的努力造就了这本书。

John Horton 和 Edd Hanzelik：和我一起编著了这本书，他们一直致力于这个项目，深刻影响了我对内心宁静和对压力调节的理解。

Muriel Servais：我亲爱的朋友，总是不断地支持我，及时准确地给我一些反馈信息。

Michael Bolger：我的朋友，所有跟钱打交道的事务都有劳他费心。

Pete Carroll：他对内在游戏非常信任，决心将这些游戏应用到足球比赛中去，应用到生活的方方面面。

Virginie Garro：她的友谊和指导让我渡过了一个又一个的难关。

## ◎ 爱德华·汉兹利克，医学博士

我要感谢我的家人，是他们的爱让我的生活如此美好。无论作为一个个体、一个作家，还是作为一个医生，我往前迈出的每一步都得到了家人的一贯支持。在这里，我要感谢我的妻子 Lynne、我的孩子 Richard 和 Catherine、我的兄弟姐妹 Carl 和 Naomi、我的孙子孙女 Jessica 和 Austin、我的曾孙女 Liliana。

Prem Rawat：他是我的好朋友，是他让我看到了人生的种种可能，是他激励我开拓内心的宁静。

我的合著者：W. 提摩西·加尔韦和约翰·霍顿，他们教会了我很多，我们一起思考如何减轻人们的压力，这个过程中的合作让我们感觉是如此地愉快。

我的同事们：他们不仅是我的同事，也是我的好朋友，是他们让我的从医生涯充满了快乐。他们是 Anil Daya、Jane McGuire、Judy Pickering、Terry Yingling、Pratibha Kumar、Henry Warszawski 等等。

曾经给予我智慧和知识的地方：哥伦比亚学院、艾伯特·爱因斯坦医学院和贝斯以色列波士顿医院。在这些地方，我学到的不仅仅是医学知识，还有对每一个独特的个体都要由衷关怀。我要特别感谢我的主任医师 Howard Hiatt 医生，是他给我树立了良好的榜样。

无数的研究人员和作家，他们对压力的性质和压力对人类的影响都进行了孜孜不倦的研究，他们是：Hans Selye、Walter Cannon、Robert Sapolsky、John Kabat-Zinne 等等。

中西医结合领域方面的先驱者，他们大多是我 20 世纪 70 年代在美国整体医药联合会首次有机会见到的，是他们一直勇敢地致力于改变目前的医学治疗方式。有很多人的著作都让我受益颇丰，其中有 Andrew Weil、Patch Adams、Jeffrey Bland、Christiane Northruphe 和 Deepak Chopra。

我还要感谢所有亲爱的患者朋友，让我进入了你们丰富多彩的生活，让我更加了解了生活的魅力，谢谢你们！

## ◎ 约翰·霍顿，医学博士

感谢莱索托和印度的人们，在我还是个学生的时候，是你们让我感受内心的快乐，留下好多美好的回忆。

哥伦比亚学院亚洲研究系的老师们，是你们让我明白内心世界是可以充满智慧和满足的。特别感谢 Donald Keene、William DeBary 和 Chiang Yee 老师。

杜克医学院的教授们，是你们向我展示了医学的魅力，是你们激励我在诊断和治疗疾病时要先了解人类的大脑和身体。我要特别感谢：Sandy Cohen、Eugene Stead、Mort Bogdanoff、Fred Hines、Bernie Bressler、Hans Lowenbach 及 Edward Busse。

我的好友和我的同事 James Ballenger（医学博士）和 Phil Gold（医学博士）。40 年来，是他们和我分享了他们对于压力的感受，也分享了他们的幸福生活和家庭快乐。

我的合著者、医学上的工作伙伴，也是我的好朋友爱德华·汉兹利克。多年来，是他与我风风雨雨一起走过，他的真诚、他的奉献精神无时无刻不在激励着我。

W. 提摩西·加尔韦，一个充满天赋、真诚而又可靠的朋友。他是内在游戏的创造者之一，这些游戏让很多人获益，而在整个创作过程中，他就是我们的定心丸。

我在医院里的工作团队和伙伴，尤其是 Anil Daya、Henry War szawski、Pratibha Kumar、Jane Rollins、Jane McGuire、Judy Pickering、Terry Yingling、Claire Douglas、Gail Devlin 和 Darlene Plant。

Dan Siegel 医生，是他的著作和他组织的研讨会向我打开了一扇门，让我了解了在现代神经学中内在游戏的理论根基。

我的患者朋友们，是他们多年来不断激励着我，不断推动着我继续前行。

# 致　谢

我的姐姐 Mary Jane 和我的姐夫 Stuart，我的外甥 Zach 和我的外甥女 Chloe。是这些家人给予我支持和力量。

最后我还要感谢 Stella 和 Domonique，是她们一直深爱着我，默默帮我分担我所承受的种种压力。